2016—2018年安徽省高等教育振兴计划"高校思想政治教育综合改革计划"项目之高校网络文化中心建设项目"丙辉网络思政中心"阶段性成果之一。

2014年安徽省高等教育振兴计划"弘扬核心价值观名师工作室"项目之"丙辉工作室"（项目编号：2014SZKMSGZS014）阶段性成果之一。

高校辅导员
工作实战方略

路丙辉 ◎著

安徽师范大学出版社
·芜湖·

图书在版编目(CIP)数据

高校辅导员工作实战方略 / 路丙辉著 .— 芜湖：安徽师范大学出版社，2018.10
（2025.1重印）

ISBN 978-7-5676-3774-0

Ⅰ.①高… Ⅱ.①路… Ⅲ.①高等学校－辅导员－工作 Ⅳ.①G645.1

中国版本图书馆CIP数据核字(2018)第214798号

高校辅导员工作实战方略

路丙辉◎著

责任编辑：盛　夏　　责任校对：舒贵波
装帧设计：任　彤　　责任印制：桑国磊
出版发行：安徽师范大学出版社
　　　　　芜湖市九华南路189号安徽师范大学花津校区

网　　　址：http://www.ahnupress.com/
发 行 部：0553-3883578　5910327　5910310(传真)
印　　刷：阳谷毕升印务有限公司
版　　次：2018年10月第1版
印　　次：2025年1月第9次印刷
规　　格：700 mm×1000 mm　1/16
印　　张：13
字　　数：200千字
书　　号：ISBN 978-7-5676-3774-0
定　　价：55.00元

如发现印装质量问题，影响阅读，请与发行部联系调换。

序

　　路丙辉教授是与我共事时间最长的同事之一。自他毕业留校工作以来，我们同在一个教研室，同上一门课。2008年，我到辅导员基地工作以后，连续八年他都是安徽省高校辅导员岗前培训班的班主任，我们配合十分默契。私下里，路老师被上岗培训的学员称为"辅导员的辅导员"。我们不仅十分熟悉和了解，而且"志相同""心相应""情相通"。近日，他写了本关于高校辅导员工作方面的书，并希望我作序，作为老同事、老朋友，我欣然应允。

　　路老师一直是学生心目中的"温暖"老师，他的性格、举止、言谈都给人以真诚、敦厚、友善和温情的感受，他对教育、对学生有着一种本能的、自然的、沁入骨髓的挚爱。说到对辅导员工作的关注和热爱，他与我旨趣一致，但其路径和渊源比我更多更深。我没做过辅导员，只是在辅导员基地和《高校辅导员学刊》工作过，在辅导员培训、办刊、培养辅导员专项硕士和博士的过程中，接触过辅导员工作，是工作需要或角色职责把我的注意力集中到辅导员身上。而路老师做过辅导员，他很投入，很认真，也很受学生欢迎，工作也取得了明显的成效。

　　这本《高校辅导员工作实战方略》就是路老师对辅导员工作的总结，我们从中不仅能够看到他对这份工作的热爱和倾心，而且能够感受到他对如何把工作做得更好的反思和用心。他的语言如同他的性格乃至他的工作作风，朴实、自然、真诚。说实话、做实事、求实效，这是路老师一贯的作风，也是他的最大风格与特色。书名中的"实战"二字，名副其实。虽然读本书第一篇时感觉好像离实战较远，但仔细想想，自身修养的问题是做好工作的前提性、根本性问题，从逻辑上仍然是说得通的。

　　这是一本写给高校辅导员的书。基于书稿以下两个特点，我认为其内容是符合辅导员的阅读需求的。

　　一是短小精悍，表达灵活。全书36篇文章，其中，主体部分31篇，附录5篇，共分五个部分：辅导员修养方略，学生培养方略，班级管理方略，日常管理方略和附录。全书的撰写不是按照章节目的逻辑顺序，而是针对辅导员工作中的主要问题，有话则长，无话则短，最长的文章有13 000多字，最短的文章大约1 000字。撰写时也没有按照一贯的学术论文那样强调学理性，而是更强调实战性。一些论述的展开多用提问式，如"或有人问"，语言表述灵活，甚至不失幽默。这是一本值得参考的辅导员工作方法论。

　　二是针对性、实用性强。本书针对辅导员工作内容的四个主要方面存在的突出问题，进行相关的理论思考，结合个人的实践体会，既分析了问题存在的原因，又提出了应对措施，力求揭示问题所体现的一般规律，提炼出可以推广的、有较强可操作性的实战方法。虽是一家之言，也能为辅导员同行提供有益的参考和借鉴。

　　除了上述意义之外，我还希望本书能够作为一个引子或样板，启发和激励更多的辅导员把自己在工作中的积累和思考写出来，或成文发表，或成书出版。在我看来，这些质朴的文字和不拘一格的文风，有着更鲜活的生活气息，来自实践，又能指导实践，其价值并不亚于我们常见的那些"规范"和"专业"的学术论文。

　　是为序。

朱　平

于安徽师范大学教师公寓

2018 年 7 月 11 日

自 序

2005年，教育部为贯彻落实《中共中央国务院关于进一步加强和改进大学生思想政治教育的意见》（中发〔2004〕16号）精神，专门下发了《教育部关于加强高等学校辅导员班主任队伍建设的意见》（教社政〔2005〕2号），正式吹响了21世纪高校辅导员工作专业化职业化建设的号角。2006年，《教育部办公厅关于印发〈2006—2010年普通高等学校辅导员培训计划〉的通知》（教思政厅〔2006〕2号）下发，全国各地高校辅导员第一次接受大规模正规化的培训。2007年，《教育部办公厅关于公布第一批教育部高校辅导员培训和研修基地名单的通知》（教思政厅函〔2007〕38号）下发。自此，高校辅导员专业化职业化建设正式有了自己的营地。十分幸运的是，就在这期间，我参与了"教育部高校辅导员培训和研修基地（安徽师范大学）"的申报和建设。从2007年开始的第一期岗前培训，到2015年的夏天，我担任了二十多期共六千余人的安徽省高校辅导员岗前培训班的班主任，也由此开始正式把高校辅导员工作作为我学习和研究的一个重要方向。

一

从事高校辅导员工作，从陌生到熟悉，再到专门的学习和研究，我经历了一段让我印象深刻的心路历程。第一次接触辅导员工作是刚刚从安徽师范大学中文系毕业的时候，我成了当时"安徽师范大学德育教研部"的一名"两课"教师。为了把这项工作做好，我的领导和老师钱广荣先生建议我到一线去做辅导员，他认为只有做了辅导员才能真正了解学生工作，才能做好思想政治教育工作。于是，我又回到了中文系，兼职担任60人的汉语言文学教育专业专科班的辅导员。这一次，由于刚刚走上工作岗位，除了有热情和激情外，还有旺盛的精力，但是，我还没来得及找到做辅导员的感觉，学生就已经毕业了,留下的是和他们珍贵的师生友谊,一直延续至今。

我真正萌生当辅导员的想法缘于一名在校广播台工作的女生的刺激。我早已忘记了这位女生的姓名和模样,但发生的事情却历历在目。那是一个下午,她给我打电话,告诉我校广播台想邀请我去做一次谈话节目,我很高兴。第二天下午,我见到了电话中的女生,并和她一起做了两个小时的访谈。第三天下午,我在校园内的路上远远地看到她向我走来,我本以为她一定会和我打招呼的,于是我整理了一下衣领。遗憾的是,当我和她擦肩而过的时候,她居然将头扭向了一边,仿佛没有看见我一样。这个微小的动作深深地刺痛了我。事实上,在大学里,作为一名公共课的老师,常常是不受学生待见的。因为他们除了上课,平时也没有多少机会接触学生。一旦课程结束,学生何必还把他们当成自己的老师呢?直到今天,我看过无数的学生返校,从没有哪一个班级专门邀请过公共课的老师参加返校活动。这就是公共课老师的尴尬:学生既可以承认你是他的老师,也可以忽视这种关系。这让我感觉很不开心,这样的老师当得有什么意义呢?一个没有学生的老师还能称为老师吗?于是,我下决心一定要当一次真正的辅导员。因为辅导员,是学生无法拒绝的老师,是所有经历过大学教育的学生都有的老师。

2003年11月,一个偶然的机会,经济法政学院的领导指派我接任2002级246名学生的辅导员工作。这些学生已经历过大一和大二上学期的学习,他们对于大学的认知、对于辅导员的感觉,都已经基本定型。这时候接任辅导员,是很有挑战性的。但是,我内心想做辅导员的愿望一直存在,当时我也刚刚完成了思想政治教育专业硕士生的理论学习课程。在征求我的老师朱平教授意见的时候,他说:"你要么就不做,要做就要做到最好!"我问他:"为什么?我和别人有什么不同吗?非要给我这么大压力。"他说:"因为你是我们学校第一届思想政治教育专业硕士生,还是从事思想政治教育教学和研究的教师,如果你都做不好辅导员,那就等于向所有人说明,辅导员工作是无法干好的。"老师说得对,我应该接受这个挑战。即使失败了,也要知道是怎么回事,更何况我的内心一直还有一个做辅导员的梦想。这也是让我将十多年来学习与思考的思想政治教育理论用于实践的好机会。于是,我接受了这个任务。

　　我坚定地选择辅导员工作是在2007年年初参加的教育部的一次会议上。在高校辅导员基地建立之前,教育部组织专家给全国所有准备设立高校辅导员基地的学校的相关人员进行了一次培训。会上,有一位专家给大家算了一笔账:全国当时有两千余所高校,在校大学生两千多万。再过二十年,我们国家就有一亿大学毕业生走上社会。他说:"大家想一想,如果这些大学生的辅导员有问题,那么我们培养出来的这一亿大学生会有多少是有问题的呢?"这笔账虽然并不精确,但他把辅导员的价值放在全国高校毕业生的规模这个巨大的背景下来讨论,给了我极大的心灵震撼。我顿然领悟到了国家高度重视高校辅导员工作的社会价值和时代意义,深刻感受到了高校辅导员的时代使命,由此坚定了我专门从事高校辅导员工作的学习、实践和研究的决心和信念。

二

　　自高校辅导员培训基地建立以来,高校辅导员队伍建设得到了长足发展,与辅导员相关的各方面工作都取得了前所未有的成就。其中,教材、专著和研究论文如雨后春笋,从不同的侧面为辅导员工作做出了应有的贡献。但是综览这些成果,我们注意到两极分化的现象比较严重:一极是理论性很强,指导现实的"地气"却不足;一极是经验性总结的味道很足,提炼的理论高度却不够。这势必导致两种不可避免的结果:一是理论学习之后,遇到现实工作时仍然不知道该从哪里开始;二是看了别人的实践总结,由于个性化太强,又难以与自己的实践结合起来。这种两极分化的现象甚至在各种关涉辅导员专业化职业化的培训中都或多或少地存在着。

　　由此我想,是否应该有这样一个成果,来表达辅导员工作的实践认知,以方便战斗在一线的辅导员可以随时参考和使用呢?

　　所谓实践认知,我认为,是将已有的实践成果与现实需要相结合,在相关理论的指导下进行的理性反思。它既区别于一般理论的逻辑演绎,又不同于简单的经验总结,是建立在实践基础上的理性反思。一般理论、实践认知、经验总结三者既相互联系又相互区别。形象地说，一般理论、实践认知和经验总结呈相交圆的状态。重合的部分即它们相互联系的一面，表现为实践认知具有一般理论与经验总结两者共有的特点，既有一般理论的理性认知特点，思维缜密，逻辑自洽，高屋建瓴而又切中要害；又有经验总结的实践性特征，具有实践的亲和力、针对性。相互独立的部分即三者在理论认识高度和强度方面的差异，表现为明显的层次性特征，实践认知在理论高度方面比经验总结强，比一般理论要弱；而在亲和力和针对性方面，实践认知比经验总结弱，又比一般理论强。因此，实践认知是居于一般理论和经验总结两者之间的认识成果。

正是因为有了这样的认识，在结束"教育部高校辅导员培训和研修基地（安徽师范大学）"培训班班主任工作之后，我就开始了辅导员工作实践认知方面的写作。通过一年多的努力，我将自己在辅导员工作实践中的积累，结合自己的日常研究心得，通过微信公众号"丙辉心语"逐步推送给一线的辅导员，陆续已有了30多篇。很多辅导员在阅读之后，深感有益，多给予鼓励。鉴于希望受益面更为广泛一些，作用力更为长久一些，有了结集出版的想法。

现在呈现在您面前的《高校辅导员工作实战方略》试图在实践认知的层面为辅导员工作提供有益的参考，尤其希望得到同行的批评和指正。期待通过个人的努力，为我国高校辅导员工作，为新时代的高校思想政治教育工作贡献绵薄之力。

路丙辉

于鸠兹·殷家山·草园

2018年7月1日

目　录

第一篇

辅导员修养方略

近年来，全国高校都高度重视辅导员队伍建设。一是每年都招收大量毕业研究生加入这支队伍，二是每年都指派不同层次的辅导员参加各级培训。这两种做法使高校辅导员队伍出现了前所未有的令人欣喜的青春活力。但是，由于各高校对于这支队伍的使命和职责认识不同，在招收和培训工作中，做法也千差万别，辅导员在高校的工作状态也各不相同。毋庸讳言，辅导员职业的春天并没有如期而至。

客观地说，从原来的不够关注到现在的高度重视，这一步的跨越在当前的高校建设情况下实属难得。从高度重视再到"辅导员职业的春天"，这一步还需要大家的共同努力才能完成。我们坚信各级管理部门会不懈努力，推动各项工作逐步完善。辅导员更应该加强自身素质建设以迎接这个春天的到来。

众所周知，职业素养是由职业的社会责任决定的。高校辅导员工作也不例外，不同时代的辅导员肩负着不同的使命和责任。新时代的高校建设更需要高素质的辅导员来担当培养社会有用人才的大任。一些人还在用过去的辅导员工作标准来要求自己，批评现实，显然是落后于时代之举，不足取也。

但是，谁都有蹒跚学步的时候，谁都不是先有了完备的素养才走上岗位的，而是先有了一些基础的素养，再在生动的工作实践中不断锤炼和提升自己，逐步满足职业的需要。因此，我们首先提出辅导员修养方略，旨在为辅导员提升自身素养提供战略性参考，为辅导员尽快适应工作提供帮助。要知道，辅导员工作不是一份简单的工作，想不通过提高自身素养就能做好辅导员工作，甚至简单地把辅导员工作当成一种谋生的职业，是迟早要被学生抛弃的。

如何做好辅导员工作

如何做好辅导员工作？这个问题太大了。让我们从做人与做事的辩证关系中来试着讨论一下这个问题吧。

一般地，我们说"做好人"，并不是对一个人的言行进行简单的道德评价，而是说不要做坏人，不要做人们眼中的"小人"，即人们说起来总有些负面评价的人。我们说"做好事"，就是说要把事情做好，把事情处理得干净利落。

做人与做事从来都是辩证统一的。要想做好事，首先要做好人。而要做好人，必须要做好事。事情没有做好，想做好人，叫人怎么相信呢？同样，好人必须是通过做好了一定的事情来定义的，而不是那种见谁都打哈哈，从不得罪人的老好人。

具体来说，在学习专业技能的时候，人们常会把技能学习作为主要关注点，而把与这项技能相关的做人的内容给忽略了。因为专业技能关系到自己的工作能力，与做好事直接相关，人们总是以为把本职工作做好，一切就没问题了。但事实并非如此。比如，如何做好辅导员工作？人们关注的主要是具体的工作方法，以为有了方法就好办了，以致从管理者到学习者都想找到好方法，而常常忘了与这个职业相关的做人的素质和要求。当然，我们并不否认正确的方法在处理事务时的重大价值。

有一种现象值得我们深思。当学生毕业后，留在他们记忆里的，并不是辅导员会不会工作，而是辅导员这个人如何。为什么呢？原因很简单，什么样的人就做什么样的事，一个人的形象主要是由他所做的事情，即言行来描画的。正如文学作品里的人物刻画，并不单纯依靠自己或他人的言说，而主要是通过处于某种矛盾冲突中的角色人物如何处理矛盾来呈现的。

在现实生活中，我们常看到这样的现象：一个成熟的人，总能把矛盾化于无形,做事没有后遗症,能照顾到方方面面;而一个不成熟的人,做事常常是捉襟见肘,顾头不顾尾。这些成熟的人,就是我们说的"做好人"。即使在这个过程中有缺陷,有漏洞,他们也有办法把事情妥善处理好。要想把事情做好了,就得把"人"做"圆润"了。

因此,如何做好辅导员呢?答案是,要做好自己,而不是在工作中莫名其妙地迷失了自己,变成自己都不喜欢的那种人。自己尚且没有做好,有什么资格带好学生呢?

辅导员"做好人"的尺度是什么

前文说过,先把人做好了,辅导员工作自然就做好了。那么,这个"人"做成什么样才算做好了呢?或者说,这个"好"的标准,衡量的尺度是什么?

面对所有人定义一个尺度,基本不可能。评价辅导员做得好不好,至少有两个群体有资格:一是学生,二是教师。想同时让这两个群体都点赞,不容易。但我们可以提供几个标准作为参考,从不同的侧面来评价,这是比较容易做到的。

一个好的辅导员处事是公正的。公正,字面理解,公平正义,就是要求对待学生、处理事务要做到不偏不倚,有正气,不偏袒,不徇私。把这一点放在首位,就是因为学生最忌讳教师不公正。学生是以自己最质朴的感性认识来体悟辅导员的所作所为的,很多时候,他们不是听辅导员怎么说,而是看辅导员怎么做。他们并不是只看自己是否得到了公正的对待,而是看他们身边发生的事情是否得到了公正的处理。当他们感到辅导员是公正的,他们就会给予肯定的评价,否则就会给出否定的评价。这在行为上就表现为他们是否愿意配合辅导员的工作。因此,辅导员应该知道,公正对于学生的成长和班级管理价值非凡。对于辅导员来说,如果真的能做到公正,即使是谁觉得"我"做得不好,"我"也可以无愧于心地说:"'我'或许没有很好地照顾到你,但'我'并没有欺负你。你即使想说'我'坏,也没有什么事实依据。"能不能给"我"公正的评价,就看学生是否有一颗公正之心了。

一个好的辅导员为人是可亲的。这里不能说是可爱的,可爱一般是长辈用于表达对晚辈的一种怜爱之情。老师可以用"可爱的学生",学生一般不能用"可爱的老师"。"亲其师,信其道",这是所有教育者都知道的道理。如果辅导员不可亲近,让学生敬而远之,那么,辅导员的话还有什么说服力和权威性呢?有不少辅导员认为,在学生面前应该严肃点,不要让学生看出自己的心理动态，要与学生保持适当距离，才会让学生畏惧自己，才有说服力和权威性。这样的认识对不对呢？让学生敬而远之，倒也还能接受，不管怎么说，总还落个"敬畏"，形象还没有坏到透顶。而如果是惧而远之，距离是有了，形象却没了。大量的事实证明，那些从不在学生面前露笑脸的辅导员，学生也懒得给他好脸色。古人所言"己所不欲，勿施于人"，此戒之诚可鉴。可亲之所以要放在公正之后，是因为如果辅导员处事不公正，可亲看起来就是虚假的表演。

一个好的辅导员是能干的。能力，或者叫工作素养，是一个辅导员是否合格，是否真好的关键要素。一个没有足够工作素养的辅导员是很难做到公正的，此时可亲的表达有时甚至会让学生感到"可怜"，很多时候可能会被学生打心眼里瞧不起。这也是辅导员走上岗位后最担心的问题。一些辅导员不敢走近学生，严肃得没有表情，甚至不敢与同事交往，很多时候不是自己不想"可亲"，而是担心自己的能力弱会被看出来，怕他们笑话自己。辅导员带的如果不是自己曾经学习过的专业的学生，也会担心，怕自己不容易了解学生的学习状态，也怕发挥不了自己的专长，被学生说成是"没有本事"的人。许多担心其实是没有必要的，没有人天生就有"本事"，都是从不会到会。那些看起来有本事的人，也是从零开始的。尽管做辅导员都是从零开始，但"跑"起来，有的人可能会"跑"得快一些。但这没有什么，"出水才看两腿泥"呢。一时得势并非能够保证一直得势，一时"跑"得快并不说明最后的成绩。不怕慢，就怕站，只要好好干，就会很快成长起来。

再谈如何做"好辅导员"

前面我在谈到这个问题时认为,要把辅导员做好,得先把辅导员这个"人"做好了,并且提出了"公正""可亲""能干"三个标准作为参考。

客观地说,这还不够。因为这还只是在简单操作的层面讨论如何"做人",突出强调"做",很容易落脚在事情有没有做好这个点上,不同的人对此完全可以有不同的看法,这也是整个社会千姿百态的缘由。当然,这种"好"并非不能用在辅导员工作上,因为把工作做好并不是一件坏事,尤其作为管理者,他们对辅导员的评价总得有一个抓手,事情做得好坏与否,一看就知道,当然很方便管理。

但关键的问题是,事情做好了,做辅导员的人会感到"我是个好辅导员"吗? 如果不解决这个问题,何以说明"我是个好辅导员"?

比如,辅导员在迎接检查时会很尽心尽力地做好各项工作,等检查结束,结果出来,可能什么荣誉也没有得到,在整个工作中只是陪衬。这也是符合客观事实的,每一个人的工作总是作为一个整体的部分而存在。这个时候,有的辅导员可能感觉就很不好,甚至个别辅导员就会抱怨:"什么检查? 都是搞形式主义!"显然,这些辅导员并没有从"做好了工作"中得到快乐,增加获得感,相反,什么心累、体累都来了,甚至想逃离这个岗位的想法都开始滋生蔓延了。为什么呢? 因为他们对这种好或不好的判断并没有亲身的获得感,对于这种判断的结果并没有发自内心的感受。由此可见,辅导员把工作做好了,并不是判定"我是个好辅导员"的标准。

因此,我们还应该就如何做"好辅导员"进行更深入一步的讨论。本文试图超越简单操作的层面,找到使辅导员发自内心地感到"好"的路径。

我们认为,这条路径不是"做"出来的,而是"修"出来的。它强调的不是具体地"做"某一件工作,而是强调辅导员内在的"修为",强调辅导员自身思想素质的历练与提升。这里说的"好"，其表象是感受，内涵是人的思想认识。因为认识直接影响人的感受，即理性认识对感性认识有决定作用。

事实上，一项工作做得好不好，关键是做这项工作的人自己有没有感到好。在工作的过程中感到舒服，在工作的前后也感到愉快，那工作做得一定不差。就拿辅导员来说，辅导员工作做得好不好，其实就是辅导员自己有没有感到好——虽然累，但是累并快乐着；虽然烦，但是烦且牵挂着；虽然怨，但是怨也有自豪感。总之，身为一个辅导员要感到骄傲！如此才是一个真正的"好辅导员"。

那么，如何才能成为一个好辅导员呢？

首先，应对所从事的辅导员职业有较好的价值认同。

一个简单的标准是：对自己的工作不抱怨。如果自己在工作中出现了抱怨，诸如"我怎么想起来干这样的工作？""这个工作哪是人干的？""这种毫无社会地位的工作怎么能让我干呢？""有必要设这样的岗位吗？"等，我们就可以认定你对自己所从事的职业认同度不高。

那么，如何提高自己的职业认同度呢？

一要认清自己。

认清自己是不是适合做辅导员十分重要，否则害人害己。

有些人是因为实在找不到工作才来做辅导员的。他们在大学期间可能还很讨厌自己的辅导员，他们从一开始对辅导员职业就没有什么认同度，一有机会就会脱离这个岗位。此类人不在我们的讨论之列。

有些人是拿辅导员工作作为跳板。他们认为自己可以做更大的事，辅导员这种"孩子王"的事不值得自己花心思。可客观的情况是他没有什么条件或机会转岗，而且可能要一直做下去。在一些学校，辅导员就是终身岗位，无法调动工作的积极性。所以，不少人觉得自己做辅导员是屈才了，想想一个人最美好的青春付出在这个岗位上，没有成就感、荣誉感、获得感，他们怎么能不抱怨呢？

我们可以理解类似的抱怨，可是这并没有从根本上解决自己适合从事什么工作的问题。我们知道，没有人天生适合做辅导员，辅导员与其他职业一样，只要你诚心诚意地工作，就会有好的结果。如果觉得自己屈才了，可以自由选择职业，现在已经没有什么职业壁垒了，只要保证不违法，想干什么都可以。现在既然你选择了辅导员工作，至少说明，由于当前你的能力所限，暂时无法找到更好的工作，从事这个工作可以解决你的生存问题。这对于一个踏入社会不久的人来说，已经很了不起了，应该理性地消除"这山望着那山高"的心理，诚恳地面对眼前的职业，并努力把它做好。即使准备将来干一番大事业，现在也应韬光养晦，涵养德能，以待时机。

二要认清这是个什么样的职业。

从这个职业看，它要求从业者不断提高自身素养。作为辅导员，每天面对的都是在不断成长的青年学生，如果自己不努力，就会被他们远远地甩在后面。辅导员是做人的工作，其他工作中没有一种工作能像辅导员这样专门以人的成长为目标。因此，这个职业一个十分明显的却常被人们忽略的好处在于，如果能够把学生给教育和管理好了，还有什么样的工作对象不能面对呢？从这个角度来说，意欲做大事者，以此为起点，一点也不委屈。

从人的成长看，每天都有文化的滋养，更能培育出人的美好品质。文化的滋养使人成为有内涵的人，有知识修养的人。尤其是在高校的环境熏陶下，学会研究和思考，在工作的同时，教学相长，在成长的过程中增长才干。

从社会价值看，辅导员职业关系到国家民族的未来。据不完全统计，到目前为止，我国受过高等教育的人不超过两亿。这样的文化水平与我国经济的高速发展十分不相称。因此，辅导员工作真的是责任重大，使命光荣。想象着在未来的社会现代化建设的大军中，走着一群你培养出来的高质量人才，这是多么令人心旷神怡的伟大业绩！就此而言，能够成为一名高校辅导员，在满足自己的生存所需的同时，还能不断提升自身素养，尤其能够利国利民，还有什么职业比这个职业更光荣呢？我们可以毫不夸张地说，能够从事辅导员工作，是一个有社会责任感的青年首选的值得骄傲和自豪的职业！

其次,在整个辅导员工作中,能够包容学生,做真实的自己。

一个简单的标准是:对自己的学生不责备,能够将心比心,接受他们,喜欢他们。这是何其难也!他们给我们带来了多少烦恼,多少麻烦!甚至一些学生的小过失影响了我们的前途,怎么可能还喜欢他们?

平心而论,我们都做过学生,都有过学生的心路历程。一是作为一个学生,总难免会有这样那样的过失,很多时候并不是要和老师作对,而是自己没有意识到这样做会有什么不良后果。二是在学生的内心都或多或少地有过自己最欣赏的老师模样,他可能就是某个人,也可能是几个人的综合体。因此,作为学生,总希望自己成长的空间更大一些,偶尔犯些小毛病能够得到老师包容。他们对于老师的期盼其实很简单,就是在可能的情况下,适当关注自己一下;迷茫的时候,希望看到老师一个鼓励的眼神;伤心难过的时候,希望听到老师一句温暖的话语。这样的要求并不算太高。因此,将心比心,接受自己的学生并不困难,更不是什么多高的道德要求。所以,不能够责备学生,我们的任务是引导和帮助学生成长,而不是用责备或约束来限制学生的成长。具体来说,我认为至少要做到两个方面。

一要能认识到犯错误是学生的权利。权利是法律的概念,但这里不是在说法律问题,而是借用来说一个基本的人文情怀。学生之所以是学生,就是因为有很多未知,而这种未知就必然会导致有很多盲动,而盲动就难免有过失。一般来说,青少年时期正是未知因素最多的时期,犯错误或有失误在所难免。在走上工作岗位之后,基本上不允许犯错误,因为那个时候犯错误是要付出一定代价的。因此,在这个意义上,我们说,犯错误是学生的权利。当然,这并不是说学生就可以犯错误,而是说,如果学生犯了错误,老师应该给予足够的理解和包容。我们很多时候对学生的责备,其实就是不愿意包容学生的错误或过失。哪怕学生有一点毛病,一些辅导员也会严肃处理,这不仅仅让学生感觉自己的辅导员没有胸怀和情怀,也暴露出辅导员想通过这样的整肃一劳永逸地减少自己的工作麻烦的"坏心思"。这种想法不仅幼稚,也有违教育的规律。

二要能做到在学生面前不矫饰,不摆谱,不做作,做一个真实的自己。生活中我们常看到有一些老师喜欢"高看"自己,认为老师是比较庄重而儒雅的职业,言行举止总给人感觉像是在"端"着自己。比如,他本来还跟同事们在开着玩笑,说些俏皮话什么的,满脸的放松,可如果这个时候学生出现在面前,他马上会把脸绷起来。

辅导员修养应从理论学习开始

理论一般反映的是事物的客观规律,表现的多是共性的内容。而实践一般具有个性的色彩,表现出丰富多彩的一面。人们在现实的生活中多面对的是充满个性化的实践,因此,人们多热衷于那些针对性很强的、具有实战性的、能解决实践中遇到的具体问题的方法。例如,人们参加培训时,希望听到能够解决自己可能遇到的问题的可操作的方法,这种期望是可以理解的。

但问题是,实践的个性化色彩,决定了由它而生的经验具有不可忽视的局限性和时效性。因此,别人从工作实践中总结出来的经验,可能根本就不适合自己,最多能从某个侧面给自己一点启发,如果现炒现卖,照搬照抄,可能就会东施效颦,贻笑大方。相反,相关的理论是通过大量的实践总结出来的,具有反映规律性的特质,能够反映相同或相似的事物的本质属性。因此,它能够在很大程度上超越时空的局限,指导人们相同或相似的社会实践活动。

或有人问:“你的工作对象跟我的根本不同,你的理论怎么可能对我有帮助呢?”这里要搞清楚一个问题,工作对象和工作规律不是一个概念。对于教育者来说,工作对象由于具有主观能动性,处于时刻都在成长的现实生活中,可以说,工作对象每天都不同。但是,工作规律会如此变化多端吗?显然不会。如果会,那么教育理论不过是一些自我言说,根本就没有可以用来世代传承的经典理论,更没有世界公认的教育大师了。大师们说的理论,能够更深入地反映事物的规律,普通工作者的理论所反映的规律可能没有大师深刻,但这并不影响他们的理论成果作为理论所具有的魅力。

在这个认识的基础上,我们可以回应类似的疑问:“我们的教育对象都是‘90后’‘00后’,以往的理论还不过时吗?”“你们那时的学生具有你们那个时代的烙印,现在管理学生怎么能用你们那个时代的理论呢?""我们是专科学校,你们是本科学校,学生的状态完全不同,这样的大课有用吗?"诸如此类。这些疑问其实都在强调个性化的东西,而忽视了共性的规律;强调可操作性的具体的方面,而忽视了理论的魅力恰恰在于可以指导实践,面对不同的实践可以不断地获得新生。

辅导员的职业情怀

——开启辅导员职业幸福感的钥匙

辅导员生活得幸福吗？从大量的言论中，我们了解到一些辅导员生活得并不幸福，他们"忙时谁都喊，平时没人管"，甚至一些人把离开辅导员岗位说成是"终于逃离了这个岗位"。我们无法做一个详细的调查来充分说明在岗辅导员的幸福指数，但我们认为，从职业情怀的角度来加以探讨，或许可以找到一把开启辅导员职业幸福感的钥匙。我们期望用这把钥匙，开启辅导员的职业幸福之门，开解辅导员工作中的各种困扰，让真正的幸福随时陪伴在辅导员左右。

一、什么是职业情怀

任何一个人，如果想在自己所从事的职业中有所作为，都必须对自己的职业拥有一份特有情怀。理发师能够从理出来的发型中感受美的快乐，农民有在土地里春播秋收的满足，航天员有遨游太空为强国之路奉献的胆识，建筑工人有攻坚克难铸造"基建狂魔"神话的雄心……这些都是特有的职业情怀的表现。可见，那种超越职业谋生意义之外的价值追求，就是从业人员的职业情怀。

同样，我们讨论辅导员的职业情怀，必然是把辅导员工作的谋生价值抛开。我们并不否认，有相当一批人当初选择辅导员职业或是为了能够留在高校就业，或是为了能够暂时获得谋生之路而不得不委屈自己的将就之举。那些经常表达工作的付出与收入不对等的抱怨之声，其背后实际上是一句听起来十分通俗的话语："我是实在没有办法才选择了这份工作，稍微有点出路，我哪会干这份差事？"这种把工作的付出和个人的获得作为一种交易的行为，客观存在，无可厚非。毋庸讳言，在辅导员的队伍中，有类似想法的人并不少见,他们没有辅导员工作的职业情怀不足为奇,只是他们在得失的比较中也同时失去了获得幸福的体验。

大量不争的事实说明,只有拥有职业情怀的人,才可能在自己所从事的职业中有所作为。看看优秀的职业工作者,就会发现,他们无一不是对自己的职业充满了热爱之情,无论工作过程中出现什么样的困难或者挫折,他们都毫无怨言。因为在他们眼里,职业的社会价值才是最高的价值追求。任何一种职业的最高价值实现,都必须依赖价值主体的自愿行为才能使然。古人所谓"拔一毛而利天下,不为也",意思是说,从自己身上拔一根汗毛就能利于天下的小事,你都不愿意,那也没有办法做到"利天下"了。其中"不为"就是不愿意做。只有"愿意",才可能确保主体在任何环境下都能充分发挥主观能动性,才能使主体充分体验职业工作过程中的使命感、责任感、荣誉感和成就感,从而产生幸福感。这种充满主动性、积极性的"愿意"是金钱无法衡量的,也是主体行为的内在动力。

可见,在人们的职业情怀中,存在着一个十分重要的元素,那就是人们发自内心的自觉自愿。如果人们不能自觉自愿,职业情怀就无从产生。以此类推,如果辅导员工作不是出于自觉自愿,何来职业情怀?更不用说会产生幸福感了。

二、为什么要对辅导员工作充满职业情怀

有一个成语"筚路蓝缕",意思是指驾着简陋的柴车,穿着破烂的衣服去开辟山林道路,以此形容创业的艰苦。看到这个成语,就不能不令人联想起无数创业者艰辛探索的苦难岁月。可以说,没有一种创业是在任何条件都十分完美的情况下开始的,几乎无一例外都是在充满荆棘和艰辛的道路上蹒跚前行。而此时,是什么推动着创业者们迈着艰难的脚步继续前行呢?我们认为,就是职业情怀。越是在艰苦的条件下,越是可以看出一个人的职业情怀所呈现出来的精神状态。尤其是,当这种职业是社会迫切需要且无可替代的,其对从业者的职业情怀的要求就更高。我们能够听到一些辅导员对职业的抱怨,这从一个侧面反映出当前辅导员工作的环境并不乐观。

尽管如此,辅导员对自己的工作充满职业情怀必须义不容辞。

这份工作确实不好做。没有做过辅导员的人,可能永远也不知道辅导员工作有多难。那些没有认真做这份工作的人,也很难想象,由于他的不努力,给辅导员职业抹了多少黑。甚至一些大学的老师对这份职业也是不屑一顾,认为不过是一个"小班主任"而已,不过是"带学生玩玩"罢了,没有什么水平,没有什么技术含量。其实不然。

第一,始业艰难。谁都想从事一份既操作简单又收入丰厚的职业。说实话,这种职业社会上并非没有,只是自己没有能力找到。客观来看,绝大部分人从谋生开始,所从事的职业都存在着各种各样的困难或者不顺。尤其是青年人,刚到一个单位,当然要多干点活。于是,辅导员在艰难地处理好自己的本职工作之外,还不得不把先行者们闲置的担子放在肩上。这对于蹒跚学步者来说,实属不易。

第二,学生事多。按照教育部的规定,一个辅导员的标配是200个学生,但实际情况是,有的学校甚至是这个数字的几倍。试想一下,一个刚刚告别学生时代,自己的事情可能还做不好,甚至还不会做的人,突然一下子面对这么多人,尤其是这么多有思想、有情感、有着各种不同甚至是独特需求的人,能不闹心吗?一个学生一年搞出一件事情来,一个辅导员一年就这么被消磨得差不多了。何况还有谈心谈话,还有班会,还有活动,还有各种事务,不一而足,其复杂性、多变性、艰巨性是无法想象的。谁能说这样的工作简单呢?

这份工作社会价值高。众所周知,我们国家是十四亿人口的大国,经济的飞速发展,已经使中国成为世界第二大经济体。但是,我们在看到这个事实的同时,还应该看到,要想使国家持久保持这种旺盛的生命力,单纯靠经济大国、人口大国还远远不够,还必须是文化强国才可能让中华民族真正屹立于世界民族之林。而文化强国靠谁来建设?当然靠教育!而战斗在教育一线的人群中,就有辅导员这个群体。请不要小看这个群体,从基础教育看,未来所有的中小学教师都是从大学里走出来的,辅导员对这些未来的中小学教师影响深远;从全社会看,凡是受过高等教育的,无不经过辅导员的影响和培养。从这一点来说,辅导员就是未来社会的窗口。学生通过这个窗口看到了外面的世界,也从这个窗口看到了未来的自己。

或许有人会说:"我不过是一个小小的辅导员,哪有那么大的社会价值,最多不过是培养几百个人。再说了,大学生,要成人自成人,哪有我什么事?"这种情绪是可以理解的,但这只是把自己放在独立的个人立场上来理解。干好任何一项工作,都是社会分工、集体合作的成果,教育工作更是如此。任何一个学生的成长都是一群老师共同培养的结果。当然,可能在某一个环节,某个老师确实起到了关键的作用,但这并不能否认其他老师的作用。因此,我们看职业的价值,要看职业在社会分工中的地位;看个人的价值,要看个人在同行业群体中的地位。显然,无论是从社会分工中的地位看,还是从同行业群体中的地位看,辅导员的价值都无可替代。当然,"无可替代"并不能消除这项工作在实践过程中的种种困难和令人无奈的现实境遇。我国现有的近三千所高校,发展情况千差万别,辅导员的待遇和实际付出很难做到整齐划一。因此,我们简单地要求辅导员排除现实的困难境遇无私奉献,或者简单地要求辅导员人人都应有优质的职业情怀,是很不合适的。但我们同时也应看到,对于社会发展来说,越是重要的职业,在困难和问题面前,越是需要从业者拥有相当程度的职业情怀。因此,辅导员不能因为工作困难而自我放弃。养成优质的职业情怀,也是给自己开启幸福之门创造条件。

三、不同职业情怀的辅导员的不同表现

评判任何事物都不能一刀切,应努力做到实事求是,对辅导员职业情怀的认识也应如此。我们之所以能够在日常的生活中听到一些关于辅导员工作质量或个人品质的议论,就是因为在高校学生工作的队伍中客观地存在着不同层次、不同质量的专职辅导员。我们可以通过对他们的分析来认识不同的辅导员表现出来的职业情怀及状态,也让我们看看身边的辅导员幸福的状态何以不同。

其一,因为热爱教育事业从而挚爱辅导员工作。这些辅导员能够认识

到教育对于人的价值,对于国家的价值,从而深刻地认识到教育事业的时代使命,认识到辅导员工作作为教育事业的排头兵所具有的"责任重大,使命光荣"的真实内涵,进而能够在个人的实际工作中充满热情、信念执着、始终如一。无论辅导员工作有多么困难和不堪,都能够通过个人的努力有效克服,都能够一如既往地热爱自己的学生,热爱自己的事业。他们不计得失,没有抱怨,心无旁骛,真正把自己的一切都奉献给辅导员工作。他们把工作看作生活的一部分,嬉笑怒骂皆成文章,酸甜苦辣都是幸福。

其二,因为热爱学生从而热爱辅导员工作。这些辅导员喜欢和学生在一起,学生是他们开展工作的中心,他们能够从学生那里获得足够多的充实感。比如,能够从学生的成长中看到自己的价值,能够从学生的肯定中获得前进的动力,能够从学生的意见中获得鞭策,等等。他们与学生是真正的亦师亦友。学生也喜欢他们,能够与他们同呼吸共命运。在师生的互动中,他们常常能找到解决问题的办法,共同建设良好的班集体,共同为班集体的荣誉而奋斗。学生在他们的心中,就如同自己的亲人。由于热爱学生,在这种热爱中不知不觉地做好了辅导员工作。这些辅导员不在意自己的收入,却在意学生的成长,他们看起来简单、朴实,甚至"萌萌的",但他们的幸福感却是满满的。

其三,因为热爱工作从而喜欢辅导员工作。这些辅导员开始对辅导员工作并没有什么感情,只是因为想拥有一份属于自己的职业或事业,因为条件合适,机会正好,就走进了辅导员队伍。他们的职业情怀是在工作中慢慢培养起来的,他们能够做到"干一行爱一行",由于认真负责的态度和积极性,他们的工作一般比较有成绩,所以,也很少有问题,甚至能经常得到领导和同事的赏识,也能够得到学生认可。如同生活中,我们本不喜欢养花,有人送了一盆花给我们,我们开始在养花中得到了乐趣,渐渐地,我们喜欢养花了,时间长了,自然也成了养花的能手。他们是辛勤的劳动者,能够在劳动付出中获得幸福感。这种职业情怀也是专业的,不卑不亢,发自内心,无愧无憾。在他们那里,幸福就是奋斗出来的。

其四,因为职业良知从而接受辅导员工作。这些辅导员是为了谋生而从事辅导员工作的。在辅导员队伍中,有很多人并非思想政治教育专业,而是具有所带学生的专业背景。一些领导认为,有了相同的专业背景,对于做好辅导员工作有帮助。我认为,这种认识至少对于加快辅导员队伍建设有益。这些辅导员中有些人一方面时常抱怨辅导员工作收入低、地位低,一方面又因为没有别的职业可以从事,只能在这个岗位上坚持下来。但出于职业良知,认为无论如何也不能误人子弟,从而在工作中的整体表现也是积极努力的,也想把工作做好。这样的现象也常在兼职辅导员身上发生。他们有自己做人的底线,虽不能做到干一行爱一行,也一定对得起自己拿的工资。所以,他们虽然时有抱怨,但也能做到敬业勤奋。

四、辅导员的职业情怀及其培养

出于研究的需要,我们从表象上对辅导员的职业情怀进行了初步的分析,这种方法只是一般的研究方法,其不合适的地方在于,仿佛是把一个好端端的浑然一体的物件给硬生生地拆解开来。因为人的职业情怀不是一个独立存在于精神或行为之外的元素,而是自然融于人的精神和行为之中。我们这样做旨在为辅导员找到一把开启职业幸福感的钥匙。我们相信,没有这把钥匙,就无法打开辅导员职业的幸福之门。

毋庸置疑,一个人的职业情怀与他的生活状态、个性品质、专业技能等是融为一体的,简单地剥离,如果不是为了研究,则毫无意义。但通过前面的解析,我们获得了一个结论,那就是我们可以看到"职业情怀"这个精神层面的客观存在,其实包含着我们非常熟悉的职业理想和职业信念这样的元素。没有一定的职业理想,何来对辅导员职业的热爱之情?没有一定的职业信念,面对辅导员工作中的各种困难和困扰,何以能够坚定执着?这无疑为我们打造职业情怀这把开启辅导员职业幸福之门的钥匙提供了有益的参考。

我们常说,理想是人生的灯塔,它照亮人们前行的道路。信念是人们在一定的认识基础上确立的对某种思想或事物坚信不疑并身体力行的精神状态。信念是认知、情感和意志的有机统一体,为人们矢志不渝、百折不挠地追求理想目标提供强大的精神动力。众所周知,理想信念再伟大,都要依附于一定的职业活动。如果没有"职业"这个"抓手",理想信念就可能成为空谈。而当一个人在自己所从事的职业基础上,开启自己对个人理想的追求,且信念坚定,矢志不移,自然就能养成个人的职业情怀。换句话说,一个人要养成一定的职业情怀,至少这三个元素缺一不可:理想、信念、职业。

因此,我们讨论的职业情怀,其首要的条件是要有一个确定的职业,然后是建立在这个职业基础上的职业理想和职业信念。至此,我们不难得出这样的结论:辅导员的职业情怀就是由辅导员的职业理想和职业信念共同组成的精神状态。

鉴于此,我们认为,辅导员要培养职业情怀,应当提高认识以增加对辅导员工作的认知,坚定自己的职业理想;勤于工作以培养对辅导员工作的情感认同,增强职业自觉性;攻坚克难以提高辅导员工作的意志水平,增强职业自愿力。在此基础上提升辅导员工作的职业信念,进而养成辅导员的职业情怀。这就是开启辅导员职业幸福之门的钥匙。尤其需要说明的是,打造这把钥匙的技术掌握在我们自己的手上,如果我们自己都不愿意,谁都没辙。

辅导员的思想素质要有高度

辅导员的基本素质有哪些？很多人认为,辅导员的基本素质有思想素质、能力素质、知识素质、心理素质、身体素质等。这个回答是有问题的。基本素质,是决定和影响其他素质的根本素质,而不是基础素质。基本和基础不是同一个概念,不能混淆。我们认为,辅导员的基本素质,应是那个能够影响和决定辅导员其他素质的根本素质,也是辅导员职业区别于其他职业的特有素质。认真地加以梳理,我们不难发现,在辅导员的诸多素质中,只有思想素质可以担当此大任。众所周知,思想是行为的先导。一个人的行为之所以如此,就是因为他内心的思想认识引导着他。没有一定的思想认识,行为就不可能发生。即使发生也不是发自内心,而是无意识的或从众的行为。比如,一些人选择做辅导员,不是因为自己对辅导员职业有深刻的认识,而是因为辅导员的工作环境在高校,可以获得较好的谋生条件,相对来说,是一项不错的选择。这就是为什么在辅导员队伍中,依然存在着不少抱怨之声,依然有一些怠惰之人,这甚至是影响整个辅导员队伍形象的根源。

基于此,我们认为,要想提高辅导员队伍的素质,职业能力的培训固然不可少,但是,如果思想认识不能提高,一切的努力可能都毫无意义。所以,我们提出,高校辅导员应注意提高自身的思想素质,并且要有一定的高度。

首先,思想的内容有高度。

作为职业工作者,辅导员的思想内容是指那些与职业要求相关的思想内容。具体来说,就是当学生有什么思想认识方面的问题时,辅导员都能够从思想的高度给予引导;当自己想不通的时候,能够通过自我思想教育,解决认识的问题;当身边的同事或朋友想不通的时候,可以通过自己的思想开解他们。通俗地说,辅导员凡事都能说出一套来,让听众觉得是那么回事,应该那么做。而要达到这样的高度,需要在政治、理论和视点三个方面都有一定的高度。

一是政治高度。根据国家教育主管部门对辅导员职业的基本要求,辅导员的任务就是为国家和社会培养合格人才。即使我们不用专业语言来表述这一要求,作为党和国家事业的建设者,每一个辅导员都应该清楚自己肩上的责任。什么是政治? 政治就是立场,就是方向,就是大局。辅导员为谁培养人,培养什么样的人,都必须围绕这个立场、方向和大局开展工作。正是在这个意义上,我们提出政治素质是辅导员的核心素质。没有了政治素质,辅导员的思想素质就难以有高度,甚至有可能存在一定的问题。马克思说:"作为确定的人,现实的人,你就有规定,就有使命,就有任务,至于你是否意识到这一点,那都是无所谓的。"这就告诉我们,身处新时代,高校辅导员肩上的责任和使命不以人们的意志为转移,走进这个队伍,就必须担当得起。

二是理论高度。辅导员工作离不开一定的专业理论指导。在辅导员大赛中安排的比赛项目,如个案分析、理论宣讲,都是对辅导员专业理论水平的检验。马克思主义认为,"理论只要说服人,就能掌握群众;而理论只要彻底,就能说服人。"这里所说的理论,如果没有一定的高度,就不可能达到"彻底"的程度,也很难做到"说服人"和"掌握群众"。要想达到这样的高度,辅导员就必须不断学习。一些辅导员不愿意学习,认为学习的那些东西都是大道理,不实用,还不如自己从实际出发讲的大白话能打动人。比如,一些辅导员这样动员学生考研:考研,将来的前途总是很好的,你看我,不就是因为读了研究生才有机会成为你们的辅导员吗? 如果不读研究生,哪来这个机会呢? 听起来,拿自己做实例,好像很有说服力,殊不知,三百六十行,辅导员只是其中之一,怎么能从根本上影响学生的选择呢? 要是自己的辅导员工作做得不好,这样说,就更不会说服学生了。

三是视点的高度。视点要有高度,才能吸引人,说服人,进而影响人。就像我们站在高楼楼顶,向下看去,大地美景尽收眼底,令人心旷神怡。同样,当视点有了一定的高度,思想的内容就会有吸引力和说服力。就考研而言,要站在人生发展和价值实现的高度、个人修养的高度、国家需要的高度来谈,才有可能在思想上说服学生做考研的选择,而不能简单地站在职业谋生和个人体验的层面来谈。

其次,思想的方法有高度。

几乎每一次和辅导员交流,无论是个人的交流还是集体的讨论,都给我一个深刻的印象:说着说着,大家就开始以吐槽的方式来说辅导员工作有多么不容易,有多么复杂,有多么辛苦,于是大家的心情就越来越不好了。当然,同行在一起交流,最容易碰撞出思想的火花,也最容易将行业中的酸甜苦辣都说出来,因为,大家都能相互理解。但交流的目的在于相互借鉴和提高,而不是找机会"倒苦水"。有人说,吐槽的原因是大家的苦水太多了。我觉得不尽然,一个重要的原因是我们的思想方法还缺乏一定的高度。

正确的思想方法,要有历史的深度。什么是历史的深度?打个比方来说,我们看一篇文章,其中恰当地运用了古人的观点或言论,就会感到这篇文章不是一种平面的呈现,而是有历史的厚重感。具体来说,就是我们思考问题,要想到不只是我们这么想,还有古人和前人、他人也会这么想,我们的思想不是孤立的,而是有类似或共性的一部分。辅导员在做思想工作时,尤其需要这种类似或共性的一部分。因为我们还年轻,我们的言论常常会被学生简单地以为没有深度,没有说服力。所以,如果我们能请古人、前人和他人来帮忙,就会增加说服力,提升影响力。

正确的思想方法,要有现实的宽度。如果说历史的深度是思想的纵轴,那么现实的宽度就是思想的横轴。我们在思考问题时,应学会将类似的事情放在一起,在比较中研读它们的共性和差异。对于辅导员来说,工作时要学会在共性中找到行为的方向,在差异中探寻行为的预防。如果是理论的创建,还应该在共性中探寻规律,找到理论的立足点;在差异中探究亮点,找到理论的生长点。不能就事情本身进行简单的归纳总结,那样做的结果就是一种平面的呈现。既能从历史的类似事件中找到智慧的参考,也能从现实的相关事件中找到有益的帮助,就是得益于这种具有现实宽度的思想方法。

正确的思想方法,要有全局的广度。这就要求辅导员不能对遇到的事情进行简单的评论,而应该学会将这件事情放在一定的背景中,一定的全局中来审视。任何一件事的发生都会有前因后果,呈现在我们面前的,可能只是事情的一个局部。孔子说的"君子有九思:视思明,听思聪……",说的就是一个仁人君子,看问题想事情,要透过现象看本质,要学会听到话外之音。其实就是要求我们不能把看到的现象当成事情的全部,而要客观分析,认真把握,正确处理局部与整体的辩证关系,才可能获得正确的认识,才可能处理好各项工作。评价学生要如此,判断事件要如此,撰写论文更要如此。

再次,思想的视域有高度。

这里说的视域,不是指眼界。眼界是说目力所及的边界。说一个人有眼界,是说他的眼光看得宽。视域,我认为,说的不仅仅是眼光看得宽,还包括目光所及的距离远,面积大。因此,这里所说的视域有高度,是说辅导员的思想覆盖的范围大,距离远,层次高。实事求是地说,要想把学生培养成人,辅导员的思想必须是想得多,想得远,想得高。

一要做到不狭隘。就是要求辅导员思考问题的视角要宽,不要局限在有限的范围内。一些辅导员乐于吐槽,常常不是因为工作累,而是因为视域狭隘所致。他们只看到辅导员工作的辛苦,看不到其他老师的工作其实也很辛苦,心里随便一比较就觉得自己是最不幸的;只看到自己带的学生是最不好管理的,看不到还有比自己带的学生更难管理的,随便一想就觉得自己是最倒霉的;只看到眼前的学生素质亟待提高,看不见学生一直在成长,只是各人的成长速度不同而已。他们梦想在一个早晨醒来,所有的学生都突然长大成人,可一睁眼看到的还是一群没有长大的学生,于是便沮丧得不行。客观地说,人不能只看到自己的存在状态,必须将自己放在一个大的环境中,才能获得较为准确的认知。辅导员对待工作和学生尤应如此。就拿辅导员工作来说,单纯从一所学校来看,因为有专业教师的专业教育,有各个部门的各种活动,还有学生积极的自我管理,辅导员在一定程度上似乎无足轻重。但是,辅导员作为一种职业,之所以会存在,就是因为它特有的存在价值。把辅导员工作放在国家教育的大政方针背景下看,就会发现辅导员工作关系到国家民族教育发展的大计,关系到党和人民后继"何人"的大问题,如果工作做不好,将会后患无穷。但我们还应该看到,辅导员工作真正得到国家教育主管部门的高度重视不过十余年,这项工作是高等学校刚刚开创的一个新领域,因此,所有一线的辅导员都不得不承受着事业开创时期那种筚路蓝缕的艰辛和磨难。这样看来,现在的辅导员工作还存在这样那样的问题就不足为奇了。

二要做到不偏激。偏激是一种过火的情绪或态度,用在思想方法上,就是看问题、想事情不尊重客观实际,将个人的情绪强加在某一事实之上,从而导致所视对象失真。比如,一个学生在经过多次教育之后依然经常迟到早退,不遵守纪律,这往往容易让我们的情绪失控。当我们再看到他有类似问题的时候,如果没有控制好,就容易讲过头话:"再这样就退学!""再这样就让你爸妈来!"显然,这些想法是不合适的,如果还说出来让学生听到,就更不合适了。其实,在大学里,对于一些学生来说,迟到或早退,被他们认为是自由的象征,你要是不让他们这样做,他们就觉得这里不是大学,而是中学。所以,迟到和早退对于这些学生来说,并没有恶意,在他们看来,不过是在体验大学里自由自在的感觉,辅导员完全可以用一种合理的方法来管理,而不要因情绪失控导致自己失去"口德"。因此,就辅导员工作而言,偏激的思想方法容易左右我们看待事物的客观态度,从而导致整个事件的处理方式出现偏差。事实上,我们可以随手找一篇理论文章来看,认真地加以研读,就不难发现,作者们都是以十分平和的心态,对自己所研究的对象进行客观的条分缕析,你在文章中几乎看不到带有情绪的标点,比如"感叹号"这种表达强烈感情的符号。因为偏激容易使对象失真,而失真的对象就失去了研究的价值。这种平和的理论研究的心态值得辅导员效仿,因为在实际工作中,很多时候也需要平和的心态才能获得真知。

三要做到不固执。固执在人的脾气上表现为"倔"。固执的人认为,有时候,有些事,如果不坚持,就办不成,尤其是不能按照自己的意图办成。对于辅导员来说,如果有学生违背自己的意图,导致事情的发展方向失控,这显然是最让他们感到头疼的。因此,辅导员在一些事情的处理上,容易让学生感到"这个辅导员很固执"。而辅导员则会认为:"我们不固执,行吗?"

尤其是,还有一个十分有理论高度的经典名句常常被当作辅导员思想固执的立足点:"真理往往掌握在少数人手里。"说到这里,好像辅导员的固执是完全可以被接受的。其实不然。作为辅导员,如果我们的固执己见不是因为掌握了真理,而是因为我们天然地占据了教育管理者的高位,那么,其结果必然是损毁自己的个人形象。要知道现在有的大学生,他们在青春期那逆反的行为足以让自己的父母精神错乱,辅导员和他们的父母相比,又算得了什么呢?如果因为我们的固执而导致师生反目,我们的工作还有什么价值可言?

辅导员如何做到公正(一)

辅导员在处理涉及学生利益的事务时是不是公正的,需要经过学生、老师和自己三个方面的检验:学生通过亲身感受,老师通过听和看到的事实,自己通过良心的检测。如果有一个方面不过关,自己都会不舒服。

事实是,辅导员工作想做到公正,何其难也!即使在家庭那么小的环境中都很难"一碗水端平",更何况在一个各自都有利益诉求的数百人的"成长共同体"中。很多人因为难就不管了,反正不容易做到,干脆就把是不是公正的判断放自己的心里,只要自己觉得公正就行了。当然,如果非要把辅导员工作做成这样,我们的讨论是毫无价值的。

要做到公正,必须得有"一杆秤"。这就是衡量辅导员工作做得好不好、公正不公正的标准。一些辅导员给学生的感觉是不公正的,就是因为他们没有这杆秤,至少学生没有看见这杆秤。学生对辅导员的判断本来就有一些主观想象,再没有一个具体的依据,可想而知,这种添加了很多主观想象的判断,即使辅导员做的是公正的,也难免落满灰尘。

基于这个认识,要解决公正的问题,首先要找到这杆秤。这杆秤,其实就是能够被成长共同体内的人普遍认同的制度。有了这个制度,才能把辅导员的"权力关在制度的笼子里"。因为它使辅导员工作有了依据,学生的主观想象有了边界,老师的评价也有了标杆。

因此,辅导员要想"一碗水端平",在学生心目中树立公正的形象,首先要做的就是要制定一个能够被成长共同体中的人乐意接受和贯彻的制度。

作为一项工作任务,很多辅导员会照葫芦画瓢制定制度。问题在于,只有那些能够被大家接受而且愿意落到实处的制度,才是好的制度。那种只喊喊口号的条文,从人家那里拿来的语句,文字再美也是纸上谈兵的把戏。

我认为,能够做到公正的制度,一定不是抄来的。抄来的制度,其实就是一纸空文,其思想和行为的危害至少有三:第一,辅导员搞形式主义,容易给学生造成辅导员虚伪、不实在的假象;第二,学生认为这些制度跟自己无关,所以,他们完全可以我行我素;第三,学生认为制度就是用来管束学生的,所以,辅导员一说要遵守纪律就令人生厌。因此,一些学生就会认为,在个人的行为中敢于打破制度约束,就是可以拿来在同学中炫耀,向辅导员示威的"本事"。社会生活中一些人以敢于挑战制度为荣,其思想根源或许与此不无关系。

能够被大家接受并乐意贯彻的制度,一定是出自这个成长共同体中每个成员的思想。这就需要辅导员做认真细致的工作。

首先,要通过公开讨论或类似的办法,为成长共同体的成员制定一个与他们的成长需要密切相关的制度。可以先由辅导员起草一个稿子,然后交由各班班委讨论,再由大家一起最后商定。在内容上,不要太烦琐,直接与他们的成长需要有关就好。其中,一定要注意做到两个结合。一是与辅导员班级管理理念的结合。制度在管理的层面上是辅导员班级管理理念实现的载体,因此,一定要在制度的开头说清楚为什么要制定这个制度,制定的依据是什么,这样容易被学生接受。二是与学生的具体需要相结合。没有约束的成长是非理性的成长,正如野地里枝丫繁茂的灌丛,虽葱茏翠绿,却只能远观,长得再大也只能当柴烧,不堪大用。对于成长来说,接受必要的约束本身就是一种需要,只是处于青春期的大学生不太能感觉到而已,辅导员应加以恰当的引导。

其次,在制度的具体执行上,一要有宣传的重要环节。比如大班会的具体宣讲,每个宿舍的文字张贴等,要让每个人都知道这个制度的来龙去脉。二要有检查督促的重要节点。没有检查,容易流于形式。通过检查督促,不仅容易让学生记住,还有益于学生形成自觉的习惯。三要对个别违反制度的人进行相应的处罚。处罚要注意方法,但一定不能宽之无度。

当然,我们不能武断地说,有了制度就一定能够做到公正。但是,有了一个好的制度,让辅导员和学生同处于制度的制定者和执行者的位置,而不是让辅导员处于既是裁判员又是运动员的双重角色带来的尴尬境地,就一定可以让辅导员避免学生添加了主观想象的"正义审判"。没有了学生带有主观想象的指责和老师武断的批评,至少在辅导员的内心可以得到"我是公正的"道德慰藉。

辅导员如何做到公正（二）

——执行制度的原则性与灵活性的辩证思考

制度为辅导员在班级管理中公正地为人处事提供了必要的依据,但这并不能解决全部的问题。

我们知道,制度提供了依据,但这只是处理现实问题的原则性依据。现实的情况是千变万化的,很多时候这个行为规范性很强的制度并不能做到随机应变。作为原则性的制度,其滞后性、机械性、冷漠性等负面属性,往往在丰富多彩的生活实践中显露无遗。此时,就要看辅导员是如何执行这个制度了。

一个不争的事实是,执行任何一个制度,只有做到原则性和灵活性相结合,才能保证制度执行的高效性。因为,原则性为灵活性提供依据,灵活性为原则性提供保障。那种用原则性替代灵活性,或者用灵活性替代原则性的做法,难免让自己陷入尴尬的境地。

没有灵活性的原则性,就像照葫芦画瓢,这种行为令人厌恶,其对辅导员本人的伤害也是不言而喻的。当然,有些辅导员宁愿受伤害,也不顾及自己的声誉,令人无计可施。他们之所以如此,一是因为这样做简单易行,不用烦神;二是因为这样做可以避免由于自己的经验缺乏而可能暴露出来的不足。众所周知,没有灵活性的原则性只是一条红线,是刚性的,所以执行起来十分简单易行。其结果是被"一刀切"出来的,给人感觉是整齐划一的。作为一项工作,特别是在被检查时,这种结果好看而干净,容易得到领导的赞许和认同。因此,一些辅导员认为,这种简单的按制度的操作既可以让自己省事,也可以获得领导青睐,何乐而不为?但这种行为的负效应之一一定是拉开了辅导员和学生之间的距离,谁愿意接近一个没有人文关怀的老师呢?我们常看到这样一种现象:有的学生在辅导员面前叫干什么就干什么,但其心里的"暴动因素"正在与日俱增地积累着,不出事算是幸运,一出事必是大事。因此,这种简单粗暴地用制度约束学生,无限缩小学生成长空间的行为是为一个教育者所不齿的。

相对于原则性而言,灵活性则因为其现实性、随机性、针对性等正向属性使其充满人文关怀。关键的问题是,如何把握原则性所能提供的那个宽度。一个能够准确把握原则性提供的宽度的人,一般都会被同辈或同行称赞。那种过于灵活而弱化原则性的处理方式,则容易淡化事件的结果,使得被管理者难以把握自己的行为,其结果有两种:一是学生因胆小而风声鹤唳,使班集体变成"死水一潭";二是学生因胆大而肆意妄为,使班集体形同虚设。所以,一味地强调班级管理的灵活性,讲究针对性,讨论因材施教,直接的结果就是把辅导员累坏了,一旦拿捏不准可能还没有好结果。所以,不少刚上岗的辅导员一味强调原则性,因为他们怕把握不好灵活性而置自己于不利的境地。

说到这里,我们就不难理解,为什么很多辅导员,特别是刚上岗的,以及那些在学生期间就没有受到公正对待的辅导员,一心要做到公正。但大量的事实说明,结果十分不理想。因为,做着做着,他们就会发现,要想做到公正何其难也!要想"一碗水端平",并不是简单的"一刀切"所能为,而是需要体现针对性极强的因材施教,充分发挥灵活性中蕴含的人文关怀,才可以大致做到。

出现这样的现象并不奇怪,这也是公正本身的内在属性决定的。整齐划一只是公正的一个方面,公正很多时候也是因人而异的。同样一条制度,对于张三这样做是公正的,而对于李四也如此可能就是不公正的。

比如上课要求不能迟到。一般来说,这对所有人都应该严格执行。如果是一个普通同学迟到了,辅导员可能连想也不想就按照制度来处理。但是,如果是辅导员喜欢的学生干部迟到了怎么办?如果正常处理了,可能就会打击他的日常工作积极性;如果不处理,普通同学就会以此为借口,使不迟到的制度成为一纸空文。此时,该如何执行制度而体现公正呢?这里,不能迟到的制度是原则性要求,但是连学生干部都会迟到,说明这里面有问题。如何处理,就看辅导员如何将原则性与灵活性有机结合起来,力求达到既不对此姑息迁就也不有失公允。

首先，要调查研究。这个学生是不是对自己要求不够严格？这个学生是不是有什么个人事务或公务处理得不够及时导致不得不迟到？这个学生是不是睡过头了，是偶尔为之，还是经常为之？总之，需要调查清楚，为拿出合适的方案提供依据。

其次，设计方案。如果是对自己要求不严格，必须严肃处理，越是喜欢，越是要严格要求，甚至可以考虑撤销其学生干部职务。如果是因为有公务，要搞清楚是否真实，当然了解的过程需要避开当事人，以免被误解为不信任他。如果是私事或睡过头了，显然必须严肃处理。

我的意见是：一要不急躁，不能一看到有人迟到，违反了制度，当天就开大会，以严肃纪律。这样造成的紧张气氛会使学生有草木皆兵之感，也有不够稳重成熟之嫌。二要要求本人说明原委，表明态度，并由本人提出处理意见。三要深度谈话，明确自己的态度，并结合当事人的意见提出与制度要求有机融合的方案。这个方案要征求当事人的意见，看他能否接受。如果能够接受，自然最好；如果不能接受，需要继续做思想工作；也可以再通过协商，找到一个既不违规又不逃避的方案。

或有人问："一个上课迟到的小事，值得这么烦琐地处理吗？都这样做还不把人累死？"累死可能不至于，但防微杜渐之功必能由此见到实效。那么，公平体现在哪里？对于当事人，他没有觉得委屈，因为他同意了处理的方案，他没有理由觉得不公平。对于其他同学，当事人受到了应有的处理，辅导员不偏袒不姑息就是公平。

或又有人问："说了半天，不还是没有怎么处理的结论吗？比如点名批评、当众宣读检讨、在综合测评中扣分等。"是的，这些都是具体的处理方法，但我没有提出来，因为对于违反纪律的处理方案应该是由同学们自己提出来的，我何必在此假设呢？

因此，辅导员要做到公正且不累，第一，要在调查研究的基础上了解自己的学生，知道他们的长短优劣，以便于在执行制度时采取有针对性的策略。第二，要给制定的制度辅以适当的宽度，非特殊情况不能出现绝对命令式的条文,以使执行的过程中灵活性有足够的发挥空间。第三,要使成长共同体中的每个成员都熟悉这个制度,以使他们在自己的行为实践中增强适应能力,为辅导员正确处理原则性和灵活性的辩证关系提供恰当的环境氛围。

最后,总结一下。有的辅导员之所以觉得公正难,一没有调查研究,不能真正认识自己的学生;二在制定制度时方法简单,甚至粗暴,出口成令;三没有足够的宣传,学生因未知而违规,怎么能够被接受?还说什么公正?

如何看待我们身边的"形式主义"

常有人说工作中形式主义盛行。我不想反对这种观点，因为确实有人欺上瞒下地在搞形式主义，不干实事。但我想说的是，我们不能把管理或教育的形式与形式主义混为一谈。

任何工作都需要一种形式来表现，这是不争的事实。可为什么有些形式会被带上形式主义的帽子呢？因为有的参与者不喜欢，他们认为学习不到什么东西，认为这就是假大空，诸如此类。倒是很少有人反思，为什么有的人却通过这种形式有所作为呢？为什么这些参与者不反思自己所谓的"认为"有没有问题呢？

俗话说，开卷有益。就是说，只要学习，都会有收获。毛主席也说，读书是学习，使用也是学习，而且是更重要的学习。因此，任何一种教育或管理的形式，如果我们以学习的态度来对待，而不是先入为主地以否定的挑剔的态度来对待，就一定可以学到东西，就会使这种教育或管理的形式落到实处，使自己真正有所收益。

打个比方来说，学校一般都会有卫生大检查。很多学生邋遢惯了，很烦这种以为是管束自己自由的管理形式。他们想：总是说什么大检查，就是没事找事，不是搞形式主义是什么？从管理层面来说，天天检查显然不合适，也很不现实；每周一次检查的目的在于督促大家养成自觉讲究卫生的习惯，利人利己。如果同学们能够做到，这根本就不是什么"形式主义"，而是很好的管理"形式"，所以才会被一直沿用下来。倒是那些想用糊弄人的方式来应付检查的人才会觉得这是在搞形式主义。其实是他们自己概念混乱，将管理形式与形式主义混为一谈，害人害己。

做辅导员工作，需要用大量的管理和教育的形式来呈现自己的工作内容，如果自己尚且不知道管理需要的合适的形式与学生口中的形式主义完全不同,就容易影响学生的行为,影响自己的工作落实,那么,将会给自己的辅导员工作埋下隐患。因此,辅导员必须在自己的思想意识中厘清"形式"与"形式主义"两者的界限,提高自己的思想认识,从而提高自己的工作质量。

第二篇

学生培养方略

与专业教师相比,辅导员培养学生更注重人品。一个人能成为什么样的人,专业只是他未来的职业方向,而社会更多关注的是他的人品如何。因此,辅导员若没有一定的培养方略,所培养的学生很难在大学期间有所成就。

　　我们知道,环境影响人,也造就人。因此,辅导员要培养出有能有德的人才,应着重抓住学生干部队伍建设和班级活动管理这两个方面。因为这两个方面是营造良好育人环境的重中之重。学生干部不仅仅是辅导员工作的助手,更是学生群体的榜样和标杆。如果学生干部队伍建设不完善,不仅仅是辅导员工作受影响,学生干部身边的同学也会不同程度地受到影响,甚至可能是思想和情感的双重影响。班级活动是班级文化建设的重要载体,没有活动的班级是"死水一潭"。重视班级活动管理,是一个称职的辅导员的使命。学生在活动中,不仅认识了同学,也认识了自己;不仅增长了见识,也增长了才干。因此,毫不夸张地说,班级活动是班风、学风育人价值中最重要的元素。

　　如何抓住这两个方面?通过班级兴趣小组的建设就可以很好地达到目的。以兴趣小组作为班级活动的战斗队,以班级干部团队作为班级活动的服务队——注意,是服务队,而不是管理机构——就可以营造良好的育人环境,从而做好培养学生的工作。

精神与品质

——论辅导员培养学生的方向

辅导员工作的目标可以简单地表述为：让学生健康地成长成才，并且为了这个目标不懈努力。

听起来好像很简单，但实际比较抽象：一是这个表述并没有明确说明培养出来的学生是什么样的，二是也没有说明具体的培养内容。

客观地说，不同的学校有不同的专业特点和具体要求，因此，这个目标的具体样式不可能千篇一律。

那么，目标中就没有相同点吗？作为人，不可能因为专业的差异而完全不同，在多样的目标中，一定有作为人的存在而必然呈现出的相同或相近的内容。我们认为，这就是人的精神和品质，这也应该是辅导员在引导学生学好专业的同时培养学生的主要内容。在目标层面，考虑到专业的差异，我们可以将其表述为辅导员培养学生的方向。

精神和品质在内在上相互联系，都是人们思想意识的反映，而在本质上又存在差异。就日常的表述也可见一斑，我们听说过发扬某种精神，没有听说过发扬某种品质。

精神是人的意识、思维活动和一般心理状态。在与品质相关联的层面，精神指的不是普通意识，而是一个人诸多思想意识中的核心意识，对其他思想意识具有影响和决定作用。我们可以用"一个人的灵魂"来表述其特殊性，这也是一个人区别于另一个人的根本所在。可以说，一个人的精神面貌就是一个人灵魂的反映。

精神的表现形式，在理论层面，近似于我们常说的"三观"，是一个人系统化理论化的思想意识，且达到了一定的高度。和一个还没有形成一定精神的人不同的是,有某种精神的人,其言行前后是不矛盾的,因为他们的精神影响和决定了他们所有的思想意识,且系统化理论化。还没有一定精神的人,其言行常常是矛盾的,青年人常常如此。我们说他们具有可塑性,其实是说他们的精神世界还需要经历锤炼和摔打。

精神的表现形式,在实践层面,则表现为对某一类事物的执着。比如一些乐善好施之人,他们行善可以达到忘我和牺牲的境界,且从不计较个人得失。这是具有奉献精神的典型案例。

品质说的是事物的质地,人的品质反映的是行为作风上所表现出来的思想、认识、品性等本质。品质可以经过后天的培养,通过一定的实践磨炼最终形成。根据心理学的理解,人的品质形成基本经过"知—情—意—行—信—习惯—品质"这样的大致过程,实践磨炼主要是意志的磨炼。一旦意志的磨炼程度能够克服行为的可能障碍,行为的方向就有望形成一定的品质。比如,通过大量的长时间的应试训练,中国大学生都基本养成了良好的甚至是优秀的学习品质,其注意力、记忆力、理解力、主动性、竞技意识等都很优秀。应该说那些通过努力考上大学的人,一般都具有这种品质。

精神和品质在人的思想意识层面,相互影响,相互关照。拥有一定精神的人,一定拥有与这种精神相关联的品质。同样,拥有一定品质的人,也一定拥有与这些品质相关联的精神。精神影响品质,品质烘托精神。精神是唯一的,在人的意识层面居于核心地位,而品质则以精神的不同表现方式而存在。就形成过程来说,精神的形成比较缓慢,而品质的形成则相对容易。精神一旦形成就具有稳定性,而品质在一定的条件下可能发生变化。有两种事实可以帮助我们认识人的精神与品质。

第一,如果一个人只是为了别人而学习,从来没有想过学成以后为谁做贡献或回报谁,那么,再优秀的学习品质在一定的条件下也会成为一种摆设。别的不说,就说现在有的学生努力考大学都是父母的要求,而不是自己的内心愿望,一到大学就变得没有方向没有动力,学习品质也一塌糊涂,就足见品质在一定条件下会发生变化,有时甚至会回归原点。

第二,那些愿意通过自己的努力改变某种社会现实的人,比如留学归来提高国内某个领域的科技水平的人,他们的学习品质就成了他们理想的翅膀,带着他们奔向自己的理想彼岸。这是什么力量?这就是人的精神的力量!人如果没有某种精神,那么,他的某些品质迟早会成为一种装饰。或者说,没有精神的品质最多只是一种行为方式,只有凝聚了精神的品质,才会拥有灵魂,才会成为人战胜自我和一切困难的力量。精神与品质的联系与区别由此可见。

我们还可以从存在于不同人群的精神形态来试着对精神做进一步的分类。

一是自然人的精神。也就是人们常说的人要有"精气神"的这种精神,它是作为自然生理状态存在的人的状态,说明一个人生命体征的活力程度。看到一个人很消沉,我们会问:"你怎么啦,怎么一点儿精神都没有?"说的就是这种精神。这是人人都有的一种精神。

二是社会人的精神。人们经常说的人要有一定的道德修养,说的就是这种精神。它是作为人的意识形态存在的,体现一个人的道德修养,表现为人的言谈举止所具有的社会属性,表现得越好,体现的精神状态就越好。社会日常生活中那些优秀人物,说他们具有优秀的品质、无私奉献的精神等,说的就是这种社会人的精神。这种精神既有自然的属性,比如天生乐于分享,能够做到无私奉献;也有后天培养的可能,在一个讲究尊重社会规范的环境里就容易产生有良好精神状态的人。所以,良好的社会风尚可以影响人、造就人。

三是信仰人的精神。这种人在行为举止上表现出强烈的社会责任感和奋不顾身的奉献精神;在言谈上表现为某种程度的超凡脱俗,甚至常不被人理解;在思想上常表现为敏锐的洞察力和高超的理论概括能力。因此,这种人的精神非一般人所能拥有,环境的影响对他们来说可以忽略,反而环境会被他们影响。

至此,我们可以建议辅导员,培养学生应着力于精神与品质的养成。品质的培养应着力于学生日常行为方式的锤炼，比如，做事干净利落效率高，学习勤奋张弛有度，行为举止礼貌恰当，等等。精神的培养应根据自然人、社会人、信仰人三个层次有针对性地用力。

辅导员应重视学生三种品质的养成

应重视大学生学习品质的培养。

学习品质是一个人的重要品质,学习品质培养应抓住意志力培养这个关键环节。年少时,我们就听过这样的话:"学习不能三天打鱼,两天晒网。""学习不能一日曝而十日寒。"这些都是强调学生的学习不能松松垮垮,要持之以恒。意志力的培养,决定着一个人学习品质的质地和韧度。学习意志力薄弱的人,基本上做不成什么像样的事情,他们一般是半途而废,浅尝辄止。

意志力的培养要注意两点:一是坚持,二是迎难而上。并非一定要用什么惊天动地的事情来养成学生的意志力,只要是一件需要坚持的事情就可以,比如锻炼身体、背诵诗歌、短篇阅读等,都有益于意志力的培养。至于迎难而上,需要设计一些具有一定难度的工作或项目,让学生自主践行,比如小规模创业、无援助远足等,都可以考虑。

应重视大学生道德品质的培养。

一个人的道德品质如何,主要是从他在实践活动中遵守规范的情况来判定的。也就是说,一个人在日常的生活或工作中能够遵守基本规范,就是有一定道德品质的表现。因此,在学生的日常教育中,辅导员不知道道德品质如何培养的担心是没有必要的,对学生进行必要的纪律约束就是进行道德品质培养的有效方式。

当然,简单地提出要求或一直督促检查还不够,关键在于提高认识之后,学生能够自觉地遵守日常行为规范。这个认识不能一般地理解为对于规范的了解,比如现在一些学校采取闭卷考试的方式测试学生对于校规校纪的认知度。这样了解规范是远远不够的,它与学生并没有发生本质的联系。

我们过去都认为规范或纪律是约束我们行为的条条框框,而不是或不一定是自己需要的,这是一种本质性的错误认识。正是因为有了规范或纪律,我们每个人的实际利益才得到了保障。在这一点上,规范或纪律与法律具有同质的属性。只是违反规范或纪律不会给人带来明显的损失或损失不大,所以没有引起重视。

比如"上课时学生不能说话"是课堂纪律要求。如果有人说话,就会让教师上课的情绪受到影响,从而降低上课的质量,进而影响大家的利益。可见,遵守课堂纪律,其实是保护大家的利益,这是每个人的实际需要。因此,规范不是一种简单的外在约束,而是保护我们的实际利益不受影响的现实需要。将这一点说清楚恰恰是很多辅导员没有意识到的,他们的惯性思维是,这一点连幼儿园的小朋友都知道,还要说吗?而事实上可能是,就连辅导员自己也还停留在错误的"知道"层面。

应重视大学生敬业品质的培养。

学生的最终归宿是走进精彩纷呈的社会职场,参加工作。因此,敬业品质的养成是一个学生尽快立足社会的根本需要。注重技能的训练是必要的,那是专业修养的必须。而辅导员应该做的,是敬业品质的培养。须知,一个没有敬业品质的人,技能再强大,也不可能是一个合格的职业工作者。

敬业品质的培养路线是"提供角色—明确责任—培养能力—涵养品质",关键的环节是明确责任。现在有的大学生责任意识淡薄,关键问题在于,如果我们不给学生一定的角色,他永远不知道该如何承担责任,能力培养就只能是纸上谈兵。不少老师苦口婆心,告诫学生要有责任感,这种单纯的"说"是没有意义的,最多只能让学生停留在"知道"的层面。

有的大学生从小就是"小太阳""小公主",使得他们不知道天高地厚,一旦走进社会,就搞不清自己到底是什么角色,其实就是社会中的一个普通人。这种巨大的角色落差,会让他们无所适从。经得起折腾和摔打的人经过较长时间的适应还能找得着方向,脆弱的人大多选择逃避,因为这是他们认为的唯一安全的选择。

因此,辅导员可以通过各种途径为自己的学生提供角色,让他们在实践中体验角色应该承担的责任,再辅以具体的工作方法的指导,让他们在工作的实践中自然理解人应该如何敬业,慢慢地养成敬业品质。

当然,我们要有一个心理准备,由于时间有限,这三种品质可能在大学期间不能完全养成。因此,我们应着力进行相关意识的培养,让他们有强烈的学习欲望、自觉的规范意识、良好的敬业精神。

就师生关系而言,学生毕业并不是师生关系的结束,辅导员还应对步入社会难以适应的学生给予必要的帮助,直到他们可以完全自立为止。

大学新生学生干部的选拔

可以毫不夸张地说，一个辅导员有没有做好，关键看他如何选拔和培养学生干部。本文就学生干部的选拔提点建议。

学生干部的选拔应有三步。

第一步，通过阅读学生档案确定候选人。

一看有没有当过学生干部的历史。当过学生干部的，在经过简单的培训后容易尽快进入大学生干部的角色，没有学生干部经历的适应期较长，但并非不能做。当过学生干部的容易接受工作过程中出现的各种小冲突和小意外，他们有基本的自我调节能力，即使被辅导员批评也不会感到太委屈。没有当过学生干部的，被辅导员批评或工作中受到挫折，可能会不容易接受。

二看有没有在担任学生干部期间受过表彰。受过表彰说明在中学时代干得还不错。这样的学生工作积极性容易调动，会以自己是一名学生干部为荣，有强烈的荣誉感，愿意起带头作用，对辅导员提出的要求也更容易接受。

三看高考成绩和在高中的成绩。学生干部首先是学生，然后才是积极分子。所以，学习是他们的本职。如果学习成绩不好，说明他们并不善于摆正学习与工作的关系。因此，如果不是必须，一般不考虑让学习成绩不够好的学生做学生干部，应该让他们专心学业。

第二步，进一步筛选，并尽可能将他们分配在不同的班级。

一是通过反复比较进行筛选，找出其中的相对优秀者。二是他们来校后，通过观察和交流，或者有意安排事务以查看他们的办事能力，再次确定人选。尤其对于班长的确定，更要仔细、慎重。如果班长没有选好，辅导员将会耗费大量的精力来弥补班长的不足。因此，在同学们还不知道自己将被如何安排的情况下,应通过各种可能的方式对他们进行必要的考查。

第三步,民主选拔学生干部。

在一些学校,一些辅导员为了树立自己的威信,从一开始就采取个人专断的方式来选拔学生干部,这种做法显然很不合时宜,在学生维权意识相当高的前提下搞"独裁",显然是自己给自己挖坑。

但是我们也不提倡完全由学生做主,或者先搞个选举制度,然后由大家来选拔。前者的不妥在于这时学生还不太清楚有关班干部选举的事项。人人参与选举并非是民主的全部,如果没有集中,民主就可能变成"公说公有理,婆说婆有理"的莫衷一是,这对于管理者来说显然是自找麻烦。后者的不妥在于把简单的问题复杂化了。班级管理制度和寝室管理制度可以由他们自己制定,因为他们每天都生活在这样的集体中,即使有些不妥当也可以慢慢调整。而干部选拔制度也由他们来制定,显然是没有基础和前提的。因为他们并不了解辅导员想要什么样的干部,想要把他们培养成什么样的人,不了解专业要他们成长为什么样的人,他们相互之间也一点都不了解。诸如此类的问题还有很多,这个制度的制定还有什么价值呢?

因此,民主选拔学生干部,应该是民主集中制原则在班级管理中的有效运用。没有民主的集中其实是独裁,没有集中的民主其实是假民主。考虑到学生的积极性,可以通过召开全体学生大会,请所有愿意当学生干部的同学毛遂自荐,提出自己的想法,辅导员在认真斟酌后再做决定。这里面可能会有两个问题需要辅导员审慎处理:自己在档案中看中的人可能并不热衷于学生干部工作,如果没有特别需要,可以尊重他们本人的意愿;自己在档案中没有看中的同学可能十分热情,要让他们接受同学的选举,辅导员不宜轻易阻止或下结论。

在通过全体学生大会选定后备人选之后,应及时召开由这些同学参加的干部调整大会。会议有三个基本议程,一是基本确定班级分配;二是基本确定委员分配,(当然这是在没有争议的情况下,稍有争议的可以通过私下商量进行必要调整);三是专门为选举班长设立议程,以示公平和重视。

由于班长职位的重要性,这个议程可能要复杂些。早在确定后备人选时就应该有大致的方向。通过启发和引导,班长应该在后备人选中。然后,应安排所有愿意担任班长的同学走上讲台,进行演讲和现场答辩。

从这个演讲和答辩中可以看到一个学生的基本状态:口头表达能力、逻辑思维能力、临场发挥和应变能力、班级管理的顶层设计能力,以及魄力和胆识。最后,当然是最优秀的同学当选班长,相信同学们的眼光也不会差。

在激烈的竞争结束之后,辅导员应该有一个讲话引导。如果自己看中的同学当选,辅导员应对大家的努力给予积极的鼓励和高度评价。如果自己看中的同学落选,辅导员可以在讲话中给予必要的引导,但不能逆民意而动。所以,如果最后选举的结果不是自己预期的,也应该感到满意,相信在工作的实践中和自己的培养下,当选人会有长足的进步。

民主选举学生干部的最后一个环节,就是在全体学生大会上正式宣布班委同学名单,最好请各班委的组成人员集体在大会前台亮相且合影留念。通过庄严的仪式增强学生干部的荣誉感、使命感和责任感,不应在具体的工作中随意减免。至于这个大会应该有哪些漂亮的、感人的、令人难忘的细节,辅导员可以充分调动同学们的积极性,以他们的设计为准。

综上所述,我们可以把新生干部的选拔归结为以下几个主要环节:"看档案—当面谈—看能力—入后备—开大会—选委员—委员会—选班长—正式任命"。

大学新生学生干部的培养

学生干部队伍确定以后,辅导员应尽快对他们进行专门的培养。这种培养常被忽视,其中一个重要的理由是:他们中大部分都当过学生干部,学生工作又不是什么复杂的事情,哪里还要进行专门的培养。平时指导指导就行了,不用小题大做。其实不然。学生干部的培养,不仅仅是因为他们即将面临诸多事务,需要尽快适应工作需要,还因为作为学生群体中的优秀分子,他们需要尽快起到积极带头作用。获得辅导员的培养,对于学生来说是一种荣誉,就学生管理而言,也需要有一个先进群体带着大家尽快适应大学生活。通过培养学生干部,使他们成为这个群体的优秀带头人,具有重要的引领和示范价值。

就学生干部的培养方式而言,可以灵活多样,本文主要讨论集中培训与日常培养相结合的方式。

在学生干部任命以后,就应进行集中培训。因为这个时候学生干部对大学班级工作还一无所知,要让他们尽快适应工作要求,必须快速进行相关工作的介绍和引导。

这个集中培训不仅必要,而且十分重要,因为它对形成班风很有价值。有些辅导员没有经验,不着急开始班级工作,导致各项工作拖延很长时间,其中就与学生干部不适应大学班级工作有关。一开始就拖沓,对学生的第一感觉的冲击是比较大的。要知道学生新来,对大学充满好奇的同时也充满期待,趁此机会在一开始就立规矩对于今后的班级管理是十分有益的。

集中培训内容的安排应服从大多数学生的实际需要。比如,应安排高年级优秀学生干部介绍工作经验;安排一次集体见面会,邀请高年级学长或学姐组成一个代表团,用专门的时间集中回答新生干部的各种问题;辅导员也应把自己的工作要求、工作打算、工作目标等告诉大家,最好用文字的形式,给每个新生干部发一份,让他们讨论,为日后贯彻实施作准备。

当然,集中培训并不能解决每个学生干部在实际工作中遇到的个性化问题。因此,还需要辅导员有针对性地解决每个学生干部日常工作中遇到的困难。这种个别指导的挑战在于,辅导员可能也不知道该怎么办。因此,新辅导员应主动与老辅导员交流,并请他推荐一些优秀的学生干部当自己的参谋,让自己的学生与他们对口联系。

日常培养不能因为有集中培训而忽视,在内容和形式上它们都有根本的不同。打个比方来说,集中培训是栽树,而日常培养是养护。树栽好了,不能只让它自然生长,弄不好可能会半途夭折,还要有很好的日常养护,才可能使其成为参天大树。

日常培养要过"三关":正常工作要关注,平时学习要关心,个人成长要关怀。

这三个词的心理距离是不同的。因为辅导员是教师也是普通人,与不同的学生交往也会产生不同的心理距离。与不同的人交往有不同的心理距离是客观现象,辅导员可能要用不同的方式来表达,以使学生感到这种距离不是霍然存在的。

关注是有距离地看。对于学生干部的工作,不要轻易插手,要多看;看到有困难了,需要帮助了,再过去支援,尽可能不干预,更不能包办代替。

关心的距离要近些。学习虽然与工作是两码事,但是学习是他们的主业,如果学习拖后腿,就会影响他们工作的积极性和成效。关心他们的学习,既要关心专业的学习,也要关心个人实践中的学习,要及时帮助他们总结工作中的经验以促进他们的进步。

关怀,是距离最近的一种培养方式。对于那些有发展潜力、为班级做出贡献的人,一般可以考虑采用这类的培养。这当然不是在学生工作一开始就可以进行的,一开始就如此,容易引起学生的情绪波动,有的可能嫉妒,有的可能失望。一般在共同工作一到两年后,主动的关怀会让大家都能够接受。对于他们的未来发展具有影响的现实生活,应该进入辅导员指导的领域。比如,不仅仅过问他们是否考研,还要具体地指导他们如何准备考研。

　　集中培训和日常培养相辅相成,相得益彰,不可偏废。一般来说,在学生干部的不同成长时期都要有集中培训。科学的做法应该是将集中培训的内容作为培训后一个时期内学生干部努力奋斗的目标。培训之后再通过日常培养逐步落实,以起到增长才干的目的。举例来说,一年级的学生干部,最好以"如何开展活动"为第一次培训的核心主题,再辅以其他内容,像"如何与同学和谐相处"等,这样培训的内容就会主题鲜明,内容丰富而实用。日常培养中,辅导员就可以根据不同的活动有针对性地指导学生,以帮助他们尽快成长为学生群体中的优秀分子。

班级活动设计不能平面化

　　班级活动的平面化设计,是指辅导员的班级活动设计从形式到内容都是独立的,与其他活动没有关联性。这种设计并非不可以,就整个活动内容来说,操作简单毋庸置疑,且灵活性和机动性亦很明显,对于有过多年学生工作经验的辅导员来说,更是不在话下。可以说,如果是工作需要,辅导员可以在短时间内就组织大量的这种平面化的活动。但从教育人、培养人的目的来看,班级活动的平面化设计可能造成的负面影响也毋庸讳言。

　　一是降低了培养人的教育效果。活动开展的目的是为了培养人,而不能单纯地理解为就是为了让学生活动一下筋骨,使学习生活丰富多彩。我们不否认活动具有这种调节学习节奏的客观效果,但这显然不是活动本身的目的。在学校,一切活动都应具有教育人、培养人的价值。而单个的活动,这种育人的效果总是很单薄的,无论是对活动组织者能力的锻炼,还是对活动参与者相关素质的养成,作用都十分有限。

　　二是弱化了活动本身的价值。正是因为单个活动教育人、培养人的效果不明显,从而在客观上使学生感觉参加活动收获甚微,意义不大。如果在活动过程中,还出现了一些意外,诸如组织者之间产生了一些小冲突,同学之间产生了一些小误解,以及对活动的目的产生怀疑或误解等,就会降低整个活动的价值。比如,有的学生就认为,活动就是班委为了获得辅导员的青睐,为自己获得某种利益的资本,这种活动就是让大家搭台、他们唱戏的一种"给班委做嫁衣"的穷折腾。在他们看来,参加活动纯属浪费时间和精力,可以"友情出演",也可以拒绝参加,要看自己的心情。这样的结果既打击了组织者的积极性,又降低了学生参与活动的积极性。一些辅导员不想组织活动,不仅仅是因为组织活动很辛苦,关键是"振臂一呼,应者寥寥",何必自讨没趣?一个不争的事实是,越是到高年级,班级组织活动就越困难。

事实上，不是学生不想参加活动，而是不想参加那些在他们看来毫无意义的活动。这不仅仅是对于在校大学生，就是社会工作者，也是如此。谁愿意无端地浪费时间和精力呢？因此，增加活动本身的意义和价值，应该是辅导员在进行班级活动设计时首先要考虑的。我们认为，去平面化设计，进行立体化的活动设计，从而增加班级活动设计的引力、厚度和长度，是改善活动质量，提高参与度的好路径。

所谓立体化设计，就是将一组活动相互联系起来，共同组成一段时间内的系列活动，再给整个活动冠以一定的主题，并有意识赋予活动应有的教育意义。这种立体式设计，在时间上，既可以学期为单位横向设计，也可以学年为单位纵向设计；在内容上，既可以逐层深入的形式纵向设计，给人以层层递进的纵深感，也可以并列的形式横向设计，给人以逻辑关联的厚重感。

在低年级时，从素质教育的角度引导学生尽快成长为一名较为合格的大学生，辅导员一般会将一组有益于学生素质养成的活动并列起来设计，同时给它们起一个时尚的名字。例如，把演讲比赛、辩论赛、球类赛、模特大赛、读书比赛等活动放在一起，以素质养成为主要目标，以"'青春新赛季'综合素养培育系列活动"为活动主题，动员所有的学生分类参加，并在结束后写体验小结。虽然活动之间没有相关性，但可以通过积分的方式，将这些活动串联起来，提高学生参与的积极性。在高年级时，从专业学习的角度，引领学生尽快由专业基础向专业纵深迈进，为未来成为一名合格的职业工作者奠定基础，辅导员一般会按照学年纵向设计活动。例如，把与专业学习相关的竞赛活动、学术报告、学术研究、考研辅导、论文写作等活动放在一起，根据不同年级的学习内容妥善安排，以"'幸福都是奋斗出来的'——某某专业素养培育系列活动"为主题，并在一开始就通知学生，让他们有一定的心理准备。在活动结束后，要有一个完整的总结。这种立体化的活动设计以其丰厚的内容，能有效促进活动态势的形成，让学生在心理上形成整体的特定的行为目标，使活动的目的性得到高度认同，从而有益于有效促进学生参与活动的积极性和主动性。相比较而言，平面化的活动设计，正是因为其内容单薄，难以形成一定的活动态势，活动的目的认同度低，参与者的积极性和主动性难以调动。

立体化设计并不容易，一方面因为辅导员大多刚刚走上工作岗位，还没有来得及对学生进行四年的活动设计，就已经开始学生工作了，在烦琐的现实事务中往往辅导员自己也搞不清楚方向；另一方面，就辅导员自身素养来看，可能还因为专业不对口等多种原因，一时难以对学生活动进行立体化设计。为此，我们建议辅导员结合学生兴趣、专业学习及不同学习阶段等方面为活动的立体化设计做必要的努力。

首先，结合学生兴趣，以增强活动的引力。"兴趣是最好的老师"这一观点，大家耳熟能详。从教育学的视角来理解，不是说兴趣就是老师，而是说兴趣可以充分调动学习者自主学习的积极性和主动性，使兴趣就像老师一样，通过学习者的主动追求，引领学习者进一步学习。这一观点用在活动的设计方面，也有同样的功效。如果活动设计不考虑学生的兴趣，调动学生参加活动就会比较困难。将学生的兴趣与活动相结合，调动学生参加活动就相对简单。一项活动有较高的参与度，自然就会增加活动本身的价值和质量。为此，辅导员要基本做到两点：一是要把握学生的兴趣点。这可以通过问卷调查的形式快速实现。找到学生共同的兴趣点，在此基础上顺势而为设计活动。当然，辅导员要认识到，兴趣既有先天的成分，更有后天养成的内容。低年级同学的兴趣大多在中小学时代养成，高年级同学的兴趣多是在专业学习的过程中逐步形成。因此，活动的设计，不能一味地迎合学生的兴趣，还要尽量做到适当引领。这才是我们说的"顺势而为"，即要顺着学生兴趣指向之"势"，有效设计活动内容。二是要把握活动内容与学生不同时期兴趣的结合点。当活动内容与学生的兴趣点吻合时，时机就是恰当的；而过了这个时机，或时机未到，就找不到结合点，学生参加活动的积极性也会受挫。因此，辅导员要与学生"同呼吸"，能及时把握学生的兴趣点和心理需求，及时将合适的活动开展起来。比如，读书活动，大多数学生是不讨厌读书的，如果能够选择到好的书，学生一定爱读。但是，如果选择的时机不合适，这项活动也难以开展，更别说获得良好效果了。新生刚进校，就开展读书活动，显然是不合适的。从辅导员的角度来看，可能旨在提醒学生读书很重要,很有价值。但从学生的角度来看,他们正想着怎样释放高考的压力,读书的事情可以先放一放。所以,我们看到,一些学校有要求学生上晚自习的制度,在新生刚入学时执行起来还多少有些难度,原因与此类似。

其次,结合专业学习,以增强活动的厚度。所谓活动的厚度,就是指活动内容给人的厚重感。这一点,在高校,只有结合学生的专业学习才可能做到。就具体表现而言,就是强调活动的意义和价值。强调活动的意义和价值,至少有两个维度是合理的。一是活动的形式和内容都比较有趣,能让他们感到开心的同时还能长见识,增才干。二是活动对他们的未来有用,比如能够增强他们的专业技能,增强未来社会自己竞争的实力,等等。因此,我们注意到,一般与专业学习相结合的活动,比较容易在学生中开展起来。比如,师范专业的学生在高年级开展"模拟课堂"活动,几乎所有人都乐意参加。原因很简单,大学生都会自然地想到将来的社会竞争。一般在学校里,专业课程的设置都是有一定的逻辑递进关系:低年级的同学专业课程少,多是基础课程;高年级的同学专业课程多,且多比较有难度。因此,辅导员在相关活动的设计方面要用点心思,甚至可以邀请高年级的辅导员帮助自己。前文所举的学术报告、学术研究、考研辅导等活动,就是需要分年级进行的。对于本科生来说如此,对于专科学校的学生,还应该结合年级和专业的不同,有效设计专业特点明显的活动。

再次,结合不同学习阶段,以增强活动的长度。活动的长度是指活动内容在时间上的表现。这里的长度不是一次活动所用的时间长度,而是一组活动所用的时间总长度。之所以提出这个观点,就是针对一个现实:相当多的大学生认为,到了高年级,还搞什么活动?以为活动都是低年级的学生玩的"小把戏",我们应该以专业学习为重了。事实上,并非如此,成功的班级管理者在高年级也能够开展十分有益的活动,对于培养学生起到不可替代的作用,也给同学们留下深刻的印象。关键问题在于,辅导员的班级活动设计要有总体的安排。从心理维度看,有一定长度的活动设计,要是有事先的心理准备,学生的心理接受度就比较高。如果我们在低年级的时候就设计好高年级的时候要做什么,大家就会在心理上有较好的准备,心理认同度就高,认为早就说好了的,应该做。而如果是一时的突发奇想,就让人感觉,这样一时兴起而设置的活动,心理准备不充分,心理接受度就很低。这一现象在日常的生活中也较为常见,提前告知,让人有心理准备,就容易接受;而突然提出,没有足够的准备,心理接受度就很低,甚至产生逆反心理。所以,辅导员的活动设计,结合不同的学习阶段,可以提前在心理上给学生以充足的准备,即使到了高年级,也会因为准备充分而自然接受,并乐意执行。因此,辅导员结合不同学习阶段,为学生设计活动,可以增强活动的长度,让学生在心理认同上有较好的接受度,进而提高参与度,增强活动教育的实效性。

抓住班级活动组织工作"三步走"中的"三种人"

班级活动是辅导员开展班级管理的重要抓手。组织好班级活动对提升班级管理水平,增强班级凝聚力,整体提升学生培养质量价值非凡。单纯地提倡学生搞好专业学习的培养方式是不值得研究和讨论的,更不值得试图在辅导员工作岗位有所作为的人效仿。为了给辅导员提供有价值的参考,我们要把班级活动进行进一步的梳理和细化。我们认为,只要抓住班级活动组织工作"三步走"中的"三个人",就可以提升班级活动的整体水平,提升班级活动培养人的质量。

一、班级活动第一步:确立目标,整合内容,要物色带头人

(一)确立目标

确立目标,即是确立班级活动在人才培养方面所要达到的目的。也就是说,辅导员在组织活动前要想清楚,为什么要开展这样的活动。一般来说,活动目标由小目标、中目标、大目标三个部分组成。小目标要服从大目标,大目标要照应小目标,目标之间要有一定的内在逻辑关系。确立目标的价值在于,可以有效调动学生参与活动的积极性,有效落实人才综合素质培养的现实要求。

(二)整合内容

整合内容就是我们提出的活动设计不能平面化,而要立体化。但立体化不会自然形成,也不是将几个活动简单地叠加就是立体化,而是各个活动之间有一定的内在联系,或内容上相互照应,层层深入;或形式上相似相关,多项并举。因此,内容的整合还是需要动一番心思的。尤其是辅导员的班级活动设计,不能和学校或本单位对学生工作的整体部署有冲突。将岗位

职责和班级活动设计融为一体,共同成为培养学生的有效养分,要求辅导员要用心和勤奋。

(三)物色带头人

活动安排一旦基本确定,关键在用人。谁来组织和负责具体的活动,辅导员习惯的做法是让班长或班委负责。这种做法的好处是简单、自然,基本没有什么异议。但负面效应很多,其中有两点最突出:一是班委成员未必具备组织所有活动的能力,如果组织管理出问题,就会有损班委形象,影响班委在同学们心目中的威信,后面再做类似的工作就很难;二是所有的活动都由班委成员来组织,其他同学得不到应有的锻炼或展示,就会在心理上打击他们的积极性,甚至容易引起误解,认为班级活动就是班委的舞台。这两点造成的结果往往是班委吃力不讨好,做了很多事情,获得的却是不理解、不支持、不赞成,甚至导致班委和同学关系很不和谐,整个班级成了一盘散沙。因此,不要小看活动带头人的安排,做得好就会提升班级管理的水平,做得不好就会降低班级管理的质量。一些辅导员一开始也是积极热情地组织活动,但做着做着就没有了热情,最后得出"最好不组织活动为妙"的结论,大多是由于活动的负面效应降低了管理的质量,让自己感到得不偿失。

我们建议班级活动的带头人应由创意人担任,即谁创意谁负责。如果是辅导员创意,可以在学生中采用招标的形式来基本确定带头人。这就要求辅导员的班级活动立体设计,一般不具体到每项活动的名目,可以在设计的时候指出方向,提出框架,设置板块,具体的活动内容可以在学生中采用招标的形式来逐步落实。这样做的好处,一方面,可以最大程度地发挥学生参与班级管理和创意班级活动的能动性、创造性,提高他们参与活动的积极性、自主性,激发他们的主人翁意识及班级荣誉感;另一方面,对于培养学生而言,让每一位同学都有机会得到锻炼,是辅导员在职在岗期间应努力实现的目标,避免只让一部分人"练起来"的不公平现象。在整个活动的组织实施过程中,班委同学可以为活动带头人提供必要的帮助。比如,体育活动由创意体育项目的同学带头组织实施,体育委员在整个过程中代替辅导员做好相关的后勤保障。这样做能够很好地在学生干部中贯彻"领导就是服务"的管理理念。这样的安排，对于形成班委与同学之间的和谐关系，对于融洽师生关系，对于提升辅导员的威信，都大有裨益。

二、班级活动第二步：分解活动，前期准备，要落实负责人

（一）分解活动

班级活动可以分为三个阶段：准备阶段、实施阶段、总结阶段。这样分的目的不单是为了研究，更有益于辅导员在具体管控的过程中把握每个阶段的重点。分解活动是一种基本的组织管理能力。接到一项任务后，在脑子里可以将其分解为怎么做、由谁来做、要达到什么程度或目标。可以说，分解得越清楚明了，越便于执行，越是能体现出分解者的组织管理水平。因此，辅导员在培养学生时，可以借助活动的开展培养人，自己也会得到相应的锻炼。

（二）前期准备

在宣传工作做好后就可以开始前期准备了。整个前期准备过程大致涵盖三个方面的内容。一是撰写活动方案。包括活动的指导思想、目标、内容、方式、对象、安全保障、费用的预算和筹集、后续工作等。二是相关财物或活动用品的准备。为了不出现丢三落四的现象，最好由准备人列出所有需要的物品清单，包括所需要的物品份数，以免留下遗憾。三是组织动员和具体安排。应由带头人组织召开活动安排会，布置具体工作。具体工作的内容大多在活动分解的时候已经有了雏形，此时的布置多是对整个活动具体细节的安排，应该将分解出来的每个细节的负责人落实到位。同时要提出注意事项，告诉所有参与的同学本次活动应达到的目标要求。

（三）落实负责人

这个负责人既包括整个活动的负责人，又包括活动每个环节、每个细节的负责人。也就是说，一项活动的开展，根据活动的内容需要，可能要安排

若干个负责人,而不是只有个别班委来担当负责人。这些活动负责人可以通过招标确定,可以通过同学推举,也可以让那些有一定声誉的同学担任。

有些辅导员认为,这样做会把自己烦死,一项活动怎么能搞出那么多负责人?这种认识值得商榷。一方面,要知道我们开展活动的目的是培养人、教育人,对于一个人来说,"有位才能有为",一项活动必然有多个细节或环节,有多个同学分担责任,这是培养学生责任心的重要抓手。用心的辅导员都应该十分清楚这样一个事实:在班级担任一定职务的同学,其责任心要比普通同学强一些,这是因为他们在生活实践中能感受到肩上的责任存在。另一方面,这些环节或细节有负责人,并不需要辅导员个个都清楚,人人都把关,只要带头人一一落实确定,辅导员大致了解情况,抓住主要的环节就可以,何烦之有?

总的来说,整个活动要努力做到"人人有事做,事事有人做",而不要出现一部分人累得不行,一部分人专门享受的现象。要想使活动能够真正培养人、教育人,就要使活动的所有参与者都有事可做。

三、班级活动第三步:具体实施,关注重点,要抓好总结人

(一)具体实施

一项活动能不能圆满完成,在所有的准备工作做好之后,就要看具体落实的过程是否顺利了。为此,辅导员应检查所有的准备工作是否完备,要做到心中有数,不能只听口头或书面的汇报,尤其是大的活动不能有丝毫马虎。当活动开始,所有参与活动的人都应有组织地及时到位,注意不能一哄而上。需要注意的是,辅导员对活动准备的过问要适度,不能事无巨细,那样容易挫伤学生的积极性,一些比较敏感的学生容易误以为辅导员不信任自己。

(二)关注重点

在活动实施的过程中,辅导员要把控活动过程中的重点环节。所谓重点环节,就是活动过程中可能影响活动质量的环节。比如,文艺活动中可能

造成冷场的环节,外出活动中的交通安全环节,等等。这些环节既是细节,也是活动的重要组成部分,辅导员要始终关注它们。

(三)抓好总结人

相信很多人都听过报告会,报告会一般都有一个主持人,其任务是在报告会开头向听众介绍报告人,结束时对报告做一个点评,提炼报告人的讲话,以方便听众抓住重点。如果这个点评做得不好,就会降低报告人的报告质量,而如果点评得好,就会起到画龙点睛的作用,甚至可以弥补报告中存在的不足。一项活动的总结,也类似这样的点评,好的总结既可以弥补活动中存在的不足,也可以起到提升活动质量的画龙点睛的作用。相反,如果总结得不好,甚至一些辅导员根本不重视活动的总结环节,无疑会降低整个活动的意义和价值,进而降低学生参加活动的积极性和主动性。

因此,活动的总结人十分重要。或有人问:"这不是一个很简单的问题吗?活动结束,不是由辅导员来做总结吗?还需要考虑什么总结人?"要是这样的话,我们的讨论就没有意义了。我们讨论的是学生自主开展活动,由学生来做总结,可以充分发挥朋辈教育的作用,促进学生的自我教育和自我成长。即使是辅导员安排的活动,由学生来做总结,从朋辈教育的视角看,也能提升活动的教育意义。

朋辈教育,因为有可比度,所以有很高的可信度。朋辈教育的实际教育效果,在大学生中不可小觑。因此,这个总结人,辅导员要认真挑选。既要考虑其在同学中的威信和影响,也要考虑他的基本素质是否适合做总结人。有的学生能够做好事,但不一定能讲好;有的学生口头表达能力强,但实际工作做得不一定漂亮。要想在同学中有说服力,这个总结人最好是既能干活,又善于表达。如果实在是找不到合适的,就让两个人来完成这个任务,基本要求是这两个人在同学中都有较好的声誉。当然,总结的文本,辅导员应加以指导,而不是只让学生在总结会上做一次口头发言。

辅导员开展班级活动应重视三个环节

带领学生开展班级活动是高校辅导员班级管理工作中重要的内容之一。但在实际工作中,有两个方面的原因,使得一些辅导员对班级活动的关注度不够,影响了班级管理工作的质量。一是主观认识不足。不能认识到开展班级活动是搞好班级管理的重要手段,认为应该让大学生自己组织班级活动,提高自我管理能力,辅导员是否参与并不重要;或以为开展班级活动就是给机会让同学们在一起玩,不阻止就是最大支持。二是实践能力不强。由于新上岗的辅导员多是刚从学校毕业,在学生期间获得的管理经验参差不齐,大多数人在管理能力方面还需要学习和提高。加之学生管理工作内容多、任务重,常在实际工作中应接不暇,甚至疲于应付,客观上影响了辅导员对班级活动的管理。因此,要提高辅导员对班级活动的关注度,从而增强班级活动对大学生成长的影响,应从提高认识和增强能力这两个方面入手。

事实上,开展班级活动并不需要耗费辅导员太多精力。就班级活动的过程而言,主要有准备阶段、实施阶段、善后阶段三部分,如果辅导员能够抓住这三部分中应予以特别重视的三个环节,就会大大减轻工作的压力,有效提高班级活动的教育效能。

一、应重视活动准备阶段的宣传环节

在班级活动的准备阶段有许多工作要做,辅导员可以把大量的工作让学生去操办,但唯独宣传环节必须由辅导员亲自做,这尤能说明辅导员对该项活动的重视和关注,更能提高学生参与的积极性。但是,一些辅导员不注意甚至忽视活动开展前的宣传环节,常常是以布置工作的口吻来宣布活动的开展,这是不妥当的。一是这种做法缺少民主性,不符合大学生的心理期望,也不符合现代管理理念。二是这种做法缺少亲和力,难以让学生在心理上获得认同,容易产生抵触情绪。三是这种做法负面效应大,如果做得不好,所有的责任都是辅导员的,会严重损害辅导员形象。因此,在班级活动开展之前强化宣传环节,将会避免这些现象的发生,为提高班级活动的质量打好基础。

宣传的方法要灵活。

准备阶段的宣传工作要为班级活动的两个目标而努力。一是基本目标,就是要让活动开展得有声有色,同学们能够从活动中获得有益的熏陶,从而增长才干,提高素质。二是高级目标,就是通过宣传,激发学生参与和组织活动的积极性,从而为营造良好班风、建设和谐班集体创设舆论氛围。为开展班级活动而进行的宣传工作,有正式的和非正式的两种方法。

正式的宣传方法,在形式上有工作布置会和活动前的动员大会两种。工作布置会的范围不一定是全体参与活动的同学,只要活动的主要负责同学参加即可。宣传的内容主要是让负责的同学了解活动的全部过程和具体细节,以及活动需要达到的目标,以利于他们在活动管理过程中恰当运作,防止失误。动员大会是面向全体参与活动的同学宣布活动开展的目的、要达到的目标,以及活动的具体要求和必须注意的事项。让所有的同学了解活动过程,有益于活动正常的开展。一般来说,工作布置会和动员大会是每一项活动前都要做的,但实际操作中,根据活动的规模,可以省去动员大会,而工作布置会却不能随意省略。

非正式的宣传方法,有"吹风会""诸葛亮会""调研会"等。"吹风会"就是把将要开展的班级活动用"一种想法"的名义跟一部分同学说出来,看看大家的反应。如果反应冷淡,说明这项活动的支持度不高,应及时分析原因,可能是对活动的内容了解不够,也可能是对活动的价值理解不深,或是以前参与过类似活动等,应根据实际情况调整活动的内容。如果反应很好,说明大家积极性高,应及时推动活动进程。"诸葛亮会"和"调研会"都是用听取意见或建议的方式为班级活动的开展做宣传的一种方法。形式上是同学们各抒己见,实质上是通过讨论的方式统一思想认识,从而提高活动的认同度。

这几种方法场地不限,方式灵活,便于组织。非正式的宣传方法一般在大致确定开展某种班级活动前运用。非正式的宣传达到一定程度后,辅导员可以通过学生的反应来把脉,比如,有学生问:"辅导员,那个活动什么时候开始呢?"这就说明相关活动在学生中已经形成了一定的关注度。正式的宣传应及时推进。

宣传工作应注意处理好几个关系。

无论是正式的还是非正式的宣传工作,在注意工作方法的同时还要注意处理好三个关系。

第一,就活动的意义而言,不能把话讲大,要处理好"大"和"小"的关系。一般情况下,每项活动开展前,学生都会有相同的疑问:"为什么要搞这项活动?"这就是对活动的意义或价值的探讨。实际工作中,常常遇到学生参与活动积极性不高的情况,一些学校用记入学分的方式来刺激学生参加班级活动的积极性。这种尝试想法可嘉,却不能从根本上解决学生对活动价值的认知,也就不能从根本上提高学生参与活动的积极性,参与活动的质量更无从谈起了。如果辅导员在宣传中能正确解决这个问题,就可以很好地调动学生参与活动的积极性。因此,在讲活动意义的时候,不要像作报告那样长篇大论;也不要像写宣传稿那样,总是强调活动与近期学校、社会或国家的某项重大事件相关联,这些"大"的方面并非没有,而是在学生的生活实际需要中体现得不明显,不如从学生的实际生活需要中寻找切入点,回应学生的现实需要。比如,有些学校安排学生晨练,一些学生不愿意,辅导员要从学生身体的现实状况出发,告诉他们身体健康的重要性,告诫他们身体对于实现个人梦想的重大意义。这样做,看起来"小",但由于非常接地气,容易让学生接受,对于调动学生的积极性十分有效果。

第二,就宣传的对象而言,不要把面铺大,要处理好"点"和"面"的关系。所谓"点",就是指特定的人群,几个人或一部分人;"面"就是绝大部分人,乃至活动涉及的所有人。"点"和"面"的结合,就是要把握宣传的火候,什么时候适合让"点"内的人知道,什么时候适合让"面"内的人知道,辅导员要综合活动的具体内容、形式要求、最终目标等统筹考虑,不能轻易就张口。

就活动质量来说，如果没有充分的准备，一开始就把宣传的面铺得很大，不一定合适，结果可能会因为讨论的杂音太大而使活动的发起遭到质疑，最终导致活动流产。先让几个人知道，在他们中适当地听取意见，对不同的声音进行必要的引导和解释，再通过他们让一部分人知道。然后再通过集中告知的方式，让所有参加的人都知道，这样就容易提升活动的接受度，容易动员所有的同学参与。这种方法，对于大型活动的组织和宣传尤其适用。

第三，就活动的内容而言，不要把事说完，要处理好"虚"和"实"的关系。一项活动没有开始之前，对于活动的状态大多是想象的，在活动过程中可能会出现什么事情，活动会发展到什么程度，都还只是"假想"。此时，辅导员进行宣传时，就要注意处理好"虚"和"实"的关系。这里的"虚"就是还不能预测的部分，"实"就是根据过往的经验基本可以确定的内容。要正确处理这两者的关系，要求辅导员在一开始进行活动的顶层设计时就要有基本的预判，要多说"实"的东西，少说或不说"虚"的东西。比如，参加一些活动要注意安全问题，对于户外活动或球类比赛一般都要强调一下，这是在活动开始动员时的一个基本点。但如果辅导员在宣传时多次强调安全问题，可能让学生在心理上感到紧张，胆小的学生就有可能放弃。这就要求辅导员对整个活动有总体的把握，对"虚"和"实"有基本的认识，要学会适当地抓"实"放"虚"。

二、应重视活动实施阶段的重点环节

在活动实施的过程中，辅导员要把控活动过程中的重点环节，不能疏忽。所谓重点环节，就是活动过程中可能影响活动质量的环节。重点环节一般有两种表现方式：一种是活动内容中的主体部分，就活动全过程看，这个环节在分量上占据重要的地位；另一种是活动过程中的一些细节，这些细节看起来不起眼，但可能因为这个细节的失误而导致整个活动降低甚至丧失价值。比如，文艺活动中的每个节目都是重点环节的一个组成部分，辅导员应过问每个节目的质量，不能把有问题的节目搬到舞台上去。另一个重点环节是节目之间的衔接，如果每个节目还可以，可节目之间常出现冷场现象,就会降低人们对这场活动的好感,从而降低活动参加者的劳动价值,打击大家的积极性。可见,就文艺活动整体而言,节目之间的衔接,看似不重要,但它也是重点环节之一,不可疏忽。

一般情况下,在高校组织班级活动,如果可以放手让学生自己管理,最好由学生自己做,辅导员插手越少,学生的锻炼力度就越大。辅导员不能因为担心或不放心,无意识地减少学生锻炼成长的机会。但考虑到活动质量和学生成长,辅导员应适当参与,这样对于学生具有激励意义,对于学生成长具有温暖的涵养价值。虽然学生在开展活动时,希望在没有约束没有监督的情况下尽情地发挥,但仍希望被辅导员关注。如果他们为班级做了很多事情,辅导员却一无所知,显然会在心理上挫伤他们的积极性。因此,辅导员应有效把控活动的重点环节,不是简单地听汇报,做指示,而是通过提前告知、中间过问、及时鼓励等手法适当参与。

提前告知,就是辅导员根据活动的进展,提前将活动过程中的重点环节告诉组织者,引起他们的重视。由于学生缺少经验,对活动的整个过程缺少统筹把握是正常的现象。辅导员由于有多年的学生工作经验,对许多活动都有深刻的体会。因此,辅导员对学生开展的活动大多有基本认知,对于哪些是重点,哪些应引起重视,一般心中有数。提前告知学生在组织活动过程中应注意的重点环节或细节,是辅导员义不容辞的责任,通过正确的指导也可以体现辅导员的工作能力,有益于增强辅导员的职业自信和威信。

中间过问是指在班级活动中,辅导员的必要管控应适时发挥作用。一般来说,在活动开始之前的设计中有很多重点环节,但在具体的实施过程中可能还会因为偶发因素导致变化,如果辅导员不在场,或没有通过某种方式给予必要管控,可能会有一些意想不到的情况发生,甚至可能导致重大事故。

及时鼓励的做法,是体现辅导员重视整个学生活动的有效方式。显然,不了解学生活动过程,是不可能做到及时鼓励的。这里需要说明的是,鼓励学生不能理解为简单的表扬,而是辅导员抓住时机,对那些体现学生成长的细节及时予以肯定的教育方法。它不仅考验辅导员的观察能力,也考验一个辅导员是否善于抓住教育的机会。在这个意义上,能否及时鼓励学生反映一个辅导员作为教育者其基本素养的高低。就教育的意义而言,一种良好行为的养成,如果不能得到及时的鼓励是较难定型的,因为行为者不清楚自己的行为正确与否。因此,能够得到老师的及时鼓励,有益于学生通过活动锻炼自己的行为能力。

三、应重视活动善后阶段的总结环节

我们说辅导员开展班级活动是进行班级管理的有效手段,但在根本的意义上,班级活动的目的在于教育人和培养人。学生参与活动,也是一种学习,是通过实践锻炼达到自我管理、自我教育的目的。因此,在教育的意义上,班级活动是大学生除了理论学习之外接受实践教育激发和引导的重要手段之一。遗憾的是,很多辅导员并不认为班级活动具有教育价值,或不知道怎么体现其教育价值。很多学生认为参加班级活动,也就是陪同学玩玩。之所以会有如此令人尴尬的误解,问题在于辅导员没有重视活动善后的总结。

总结是一种逻辑思维活动,更多地体现为归纳法的实践运用。归纳法是对观察、实验和调查所得的个别事实,概括出一般原理的一种思维方式和推理形式,其主要环节是归纳演绎。在人的思维过程中,归纳和演绎并不是绝对分离的,在同一思维过程中,既有归纳又有演绎,归纳和演绎相互连接,相互渗透,相互转化。辅导员对班级活动进行总结,主要是对整个活动的过程进行归纳演绎,从中提炼出具有教育价值的经验或教训,形成有益于学生成长的一般认知。这对于提高大学生的自我管理和自我教育的能力无疑是十分有益的。因此,活动善后的总结,辅导员应给予高度重视。

活动的总结工作,前几次可以由辅导员带着学生一起做,最后应由学生自己做。可以由负责活动开展的同学做大总结,由参与的同学通过交流的形式进行必要的补充。也可以由参与的同学分头做小结,再由负责活动开展的同学做大总结。一般来说,为保证总结的质量,辅导员应做好把关工作,力求使最终公布于众的总结文字有高度、有深度、有信度。

有高度,就是要把某一项活动放在立体化设计的一组活动的背景下来

把握它的意义,而不只是单纯地就一项活动本身进行小结。所谓"高",即指总结的立意高,所站的位置高。因此,活动总结要有开阔的视域,开放的姿态。比如,我们前文所举的"'青春新赛季'综合素养培育系列活动"设计,如果是对其中的演讲比赛进行总结,我们的立意就不能只是站在演讲比赛的得失上看其价值和收获,而应站在综合素养培育的视域里看这个活动。作为大学生综合素养培育的一部分,演讲能力就是其中不可或缺的素质。由此可见,当我们的活动总结视域开阔,其立意就高,所站的位置就高,就不会是"井底之蛙",活动总结就赋予了每一个活动应有的价值和意义。这对于增强活动的吸引力,提高活动的参与度和积极性无疑意义非凡。

有深度,就是要深入挖掘活动给学生带来的实际收获,要有效引导学生学会从活动中体悟有价值的自我教育内容。还以演讲比赛为例,辅导员可以引导学生学会从几个层次进行总结。最低层次:通过演讲比赛,我们锻炼了在众人面前顺畅表达的胆量和能力,知道了一场演讲比赛有哪些基本的程序,如果需要我们自己去组织演讲比赛,基本上不会出现程序上的失误。高一个层次:通过撰写演讲稿,我们学会了用文字表达自己思想的能力,让我们体悟到,文字的表达与一般的语言表达并不同。一般的语言表达,通过理解和及时加工,听众能听懂我们要表达的思想。而文字的表达却必须是工整的,考虑到演讲的现场效果,还要照顾到语言的美的形式,没有一定的积累,不下一番功夫,很难写出一篇好的稿子。更高一个层次:一篇好的演讲稿,除了有语言美,还要有一定的思想深度,文以载道,没有一定的思想深度,很难在深层次上打动人、感染人。因此,从形式上看,演讲可能就是一次语言的华丽表演,但在实质上,它是一个学生综合素质的集中体现。如果没有这个认识,我们看演讲比赛,可能就只有"看人家吃豆腐牙齿快"的粗浅感觉。至此,我们可以看到,深入挖掘一个活动的深层价值,对于提高学生自我管理和自我教育的自觉性和积极性,提高学生参与活动的自觉性和积极性,都大有裨益。

有信度,就是指在辅导员指导下,学生做的活动总结是可信的。如果总结不可信,必然使活动总结成了摆设。对此,辅导员应注意两个方面。一是总结的内容要"实在"。这个"实在"，既可以理解为总结的内容真实存在，也可以理解为日常生活中口语表达的"实在"之意。上文所举关于演讲比赛的总结，就是很"实在"的体悟，可信度很高。这样的总结就容易引起学生的共鸣，使大家提高对演讲比赛的理性认知，从而有意识地在相关方面自觉主动地提高自身素质。二是要注意总结人的安排。众所周知，"亲其师，信其道"，显然，这个"师"是谁，直接关系到总结内容的可信度有多高。因此，活动结束后，谁来直接面对参与的同学做活动总结，辅导员应做好安排。

加强班级兴趣小组建设

　　兴趣小组是班集体中以兴趣爱好为纽带团结起来,以不定期开展形式多样的活动为主要表现形式的非正式群体。兴趣小组的规模大小不等,活动内容随机性强,多根据兴趣而定。其存在形式大致有两种:一是显性的,即在班级里以公开的组织形式开展活动,其活动召集人在相关兴趣方面优势明显,且具有一定的号召力和组织能力;二是隐性的,即在一定的群体中没有明确的负责人,但一有活动就能够召集一定数量的参加者,活动开展的时候组织结构是有形的,活动一结束群体就随之消失。比如,一个班级很快就能聚集一队人赶到球场,打球结束后,各自解散。由于兴趣小组在班级里组织形式简单,涉及范围单一,影响有限,所以,常常不被作为班级管理者的辅导员或班委关注。我们认为,兴趣小组虽然不起眼,可一旦充分利用起来,其作用不可小觑。

　　在班级文化建设中,兴趣小组的价值不言而喻。我们知道,班级文化建设是凸显一个班级整体风貌的重要工作,几乎所有的辅导员都会在实际工作中有意无意地关注相关的工作内容,尤其以适时适当地开展班级活动为主要表现形式。但无论怎么建设,都离不开建设主体以及建设内容这两个要素。乍看起来,这两个要素在班级里就有,与兴趣小组无关。比如,要开展体育活动,让体育委员去组织一下就可以了;要开展文娱活动,让文艺委员牵头就可以了;具体怎么做,做什么,辅导员可以问,也可以不问,前提是要保证安全。其实不然。如果我们问问这些委员,就会发现,很多时候他们开展工作是很有压力的。一是找不到主动参加的人。一些学校为了鼓励学生积极参加活动,给予学分奖励,本意是想激发学生参加活动的积极性,结果导致没有学分的活动学生就不乐意参加,在一定的程度上助长了学生的功利心。二是找不到合适的活动内容。要在大学不同的阶段为班级同学设计不同的活动,辅导员自己都很难做到,更何况一个班级委员呢。这就是为什么高校班级活动总是在低年级很活跃,而高年级几乎是一片空白的原因之一。一个班级委员的能量总是有限的,与一个兴趣小组的团体力量相比要弱很多。完全靠个人的积极性来带动班级工作,其酸甜苦辣只有班级委员自己知道。因此,在这个意义上,兴趣小组不仅可以及时提供班级文化建设所需要的合格的人员,而且会将日常活动内容打包奉送给班级文化建设工作,其中所体现的凝聚力、战斗力,以及整个团队所表现出来的适应性和灵活性是其他形式或载体都不能替代的。

班级兴趣小组建设需要辅导员付出一定的精力,尤其要努力做到以下三个方面。

第一,积极引导、及时组织。只有正确认识兴趣小组在班级工作中的不凡作用,辅导员组织兴趣小组的态度才能积极端正。及时引导学生在班级建立若干兴趣小组,是与辅导员进行班级文化建设相辅相成的一项工作。当然也要抓住适当的时机,因时而动。就整个大学阶段而言,新生到校后不久,同学们相互之间了解不多,大批量建立兴趣小组的时机不成熟。最好的时机在大一第二学期,同学们大多相互了解了,辅导员对学生也有了一定的了解。此时建立兴趣小组,是在大学学习的新鲜感逐渐降低的情况下,及时调动大学生学习积极性的最好办法。同样的,根据学生在不同年级的生活学习状态,及时建立适合他们的兴趣小组,都能起到很好的作用。因此,在班级中及时建立兴趣小组,并不只是低年级辅导员应该关注的工作。

具体来说,根据不同时间段学生的实际情况,以及兴趣小组所能发挥的作用,辅导员引导学生建立兴趣小组可以有两种方式。一是由同学们自发组织。一般来说,在学生中都会有一批同学有共同的兴趣爱好,比如打球、下棋、打牌、手工制作、绘画、音乐等。只要辅导员在班级中倡议一下,就会很快组织起来。这类兴趣小组在新生入学不久就能组织起来,对于班级文化建设尽快轨道化、规范化十分有益。二是由辅导员适当引导有意推动。根据专业需要,从培养学生专业素养的目的出发,辅导员应在班级建立与专业学习相关的兴趣小组,使其既有益于激发学生专业学习的兴趣,又有益于体现班级文化特色。这类兴趣小组不能指望学生自发组织，因为感兴趣的人多表现为潜在的状态，靠自发组织不容易。辅导员要费点心思，根据班级文化建设需要，想想还应设立什么样的兴趣小组。在组织方式上，辅导员可以在学生中先物色人选，再由这个人选在同学中找有相同兴趣的人，然后组织兴趣小组。

或有人问："组织这些兴趣小组，辅导员管理起来不是很麻烦吗？"一点都不麻烦，将不同类型的兴趣小组归到不同的班委那里就可以了。体育类的兴趣小组由体育委员负责，文娱类的兴趣小组由文艺委员负责，他们为兴趣小组提供及时的服务即可。要注意，这里不是"管理"，而是"服务"，是由班委搞好服务。兴趣小组本来多是自发组织，再有人来管理，特别是由他们的同学来管理，容易把参与者给"管"走了。兴趣小组建设的目的在于为班级文化建设服务，在于为学生拥有快乐幸福的大学生活服务，管理就显得生硬而没有必要，而有效的及时的服务则能够帮助兴趣小组健康成长。班委们的任务本来也不是为了管理，而是协助辅导员搞好服务工作，这样做，就会使整个班级工作顺畅起来。

第二，提供平台、突出特色。在实际工作中，有很多辅导员都会组织兴趣小组，但不同的是相当一部分兴趣小组在活动一段时间后就销声匿迹了。究其原因：一方面，活动内容没有创新是兴趣小组中途夭折的主要原因。活动内容是调动组员积极性的根本，但一些组长常常由于没有一定的"获得感"而逐渐丧失组织和创新活动的主动性。另一方面，缺少活动平台是兴趣小组难以长久的关键原因。内容不能创新，通过一定的工作尚可以改变。但如果兴趣小组建立以后没有适当的活动平台，则工作开展难度就很大，久而久之就会不了了之。因此，一旦组织成立兴趣小组，辅导员一定要设法解决小组活动的平台问题。这既表明辅导员赞成的态度，也体现"扶上马，送一程"的殷切期望。比如，技能类兴趣小组（包括体育类、专业学习类等）多以组织赛事为平台，文艺类兴趣小组多以组织展演为平台，美术类兴趣小组多以墙报、板报为平台，等等。还可以将兴趣小组活动中涌现出来的优秀分子推出去参加校内外的各种活动，以提高组员参与兴趣小组的积极性。就引领专业学习而言，兴趣小组的平台建设还应考虑到专业特色。辅导员应积极拓展兴趣小组活动的特色平台，尤其要充分利用周边的资源，为学生不遗余力地拓展活动空间。比如，师范类院校的学生组织的教育技能兴趣小组，就可以考虑组织学生建立中小学课业辅导班，让学生各司其职，既锻炼自己教育教学技能，又为班级文化建设助力，或许还能够为班级的班费提供解决渠道，可谓一举多得。

第三，适时督促、及时鼓励。要想使学生工作成果得以定型，辅导员必须辅以适时督促和及时鼓励。兴趣小组的工作也是如此。兴趣小组因兴趣爱好而组建，自然也会因为兴趣爱好的减弱而逐渐失去活力。这符合人的兴趣生成与消失的自然逻辑。但对于学生成长和班级文化建设来说，这种自然成长的状态应得到人为调节，以使其保持长期的健康生长状态。因此，辅导员在组建兴趣小组之初，应与学生达成协议，以班级工作制度或要求的形式，对兴趣小组的组建提出相关要求。对小组组织形式、小组活动开展、小组活动成果等内容有统一要求，可以为辅导员督促小组发展提供基本准则，为鼓励小组发展提供评价依据。在辅导员班级工作的整体设计中，兴趣小组工作应作为一项重要内容，应定期给予兴趣小组工作评价和表彰的机会。这对于兴趣小组的负责人和参与者都是一种无形的激励，对于班级文化建设保持长期旺盛的生命力具有重要作用。

第三篇

班级管理方略

辅导员的工作内容大致可以分为三大类：一类是班级管理工作，一类是单位或主管部门指派的临时工作，一类是涉及学生生活的辅导员工作。在这三类工作中，班级管理工作是高校辅导员一切工作的出发点和归宿，是辅导员工作实践中必须面对的主要矛盾。抓住了这个主要矛盾，其他一切矛盾都可迎刃而解。如果班级管理出了问题，就会直接影响其他所有工作。

　　一般来说，班级管理工作从小学到中学，都有比较成熟的工作模式，从建立班委到辅助教学，基本上都有相同或相似的操作方式。但高校辅导员面对的不再是几十人的小班，而是标准人数达到200人的一支庞大队伍，这对于一些能力较弱的辅导员来说，可能就会出现各种问题，使得工作捉襟见肘，应接不暇。究其根源，是因为在实际工作中缺少合适的方式方法和抓不住重点。

　　我们认为，在没有开始工作之前，做好班级管理的顶层设计，处理好顶层设计与"摸着石头过河"的关系，既可以确保工作方向的前瞻性，又能照顾到实际工作的针对性，这是减少实际工作中出现各种矛盾和问题的重要举措；抓住班级管理中的重点，力求给每一位同学在班级工作中展示自我、表达自我的机会，是辅导员营造良好育人环境的首选方法；优化班级结构，调动学生参与班级管理的积极性，减少班级事务管理中不必要的亲力亲为，是减少辅导员工作量的有效途径；尽快营造良好的班风学风，注意处理好辅导员与学生之间的关系，是提升班级管理效率的重要手段。

新辅导员如何做好班级管理工作的顶层设计

经过一段时间的忙碌，高校招生工作基本告一段落。对于即将上岗的辅导员来说，接下来要做的，就是等待学生来陪伴自己完成从学生到老师的蜕变了。

这是一个令人兴奋而又多少有些紧张和不安的时刻，对于那些在学生时代有过干部经历的人来说，稍微会好些，而对于没有干部经历的人来说，可能会夜不能寐了。因此，我们提出对自己未来几年的工作做顶层设计是完全有必要的。

为了便于记忆，我把我的建议总结成"确立一个目标，做好两个调研，制定三个方案"。

第一，确立一个目标。美国管理大师彼得·德鲁克认为，不是有了工作才确立了目标，相反，是有了目标，才有了围绕这个目标的实现开展的一系列活动。因此，在这个意义上，对于辅导员来说，目标是方向，目标是动力，目标是开启未来人生的启动器。

那么，什么样的目标最好呢？不同的专业有不同的要求，但是，不同的专业对于学生如何"成人"来说，目标基本相同，那就是让学生通过几年的学习能够成为符合社会职业劳动需要的德才兼备之人。这种表述听起来像是口号，其实不然，它厘清了辅导员应该努力的方向。"才"是与专业相关的才干，这一点辅导员力所能及即可，因为自己不可能对他们的专业有太多的干预，即使是专业对口，也最多是引导，这应该是专业教师的工作，没有必要越俎代庖。"德"才是辅导员的培养任务。如何培养学生成为有德之人，是辅导员应该花心思思考的问题。

如果我们知道并认可一个人的德行养成在很大程度上是由环境决定的，那么，辅导员应加强环境建设就是一个十分有价值的建设性意见。在环境建设中,辅导员一直具有不可替代的主导地位。可以说,辅导员给学生创造的环境能够影响甚至有可能决定学生未来的命运。

第二,做好两个调研。一是了解自己所在单位过去培养学生的基本工作模式,做到心中有数。一方面,为自己稳步进入工作状态提供依据;另一方面,为自己找到恰当的创新点提供准备。这些内容在网上一般都会有,也可以从前人那里通过访谈等形式获得。二是查看学生档案,了解即将入学的学生过去成长的经历,为今后的因材施教做准备。考虑到后面的工作安排,在档案材料中,应着重关注:家庭状况(人口数、是否单亲、经济来源等)、个人条件(身高、外貌、才艺、分数、有无学生干部经历、获得过的奖励或荣誉等)。这两个方面对于选拔学生干部,落实"奖勤贷助补"工作十分重要。

第三,制定三个方案。方案是具体实施工作的指导思想、方法和步骤。没有方案就会使自己的工作忙乱且没有成果。很多辅导员工作很累,疲于奔命,原因就在于没有预设的方案。因此,趁学生还没有来,提前做好预设,是十分必要的。

一个是干部配备方案。

目标确立之后,谁来执行?学生干部是决定性因素。根据学院要求,按照人数划分班级。辅导员应尽量把每个班级的学生配备得均衡一些,把能够做学生干部的和可能做学生干部的适当均匀搭配。比如有四个班级,需要三十六个班干,开学前就做到心中有数,根据不同情况适当调配好。不要出现扎堆的状况,不均衡对今后的工作造成的隐患很大,甚至可能导致学生为了个人发展而相互挤对的不良状况。因此,要提前做的功课是怎么给学生分班。有的学校根据学生分数从高到低排学号,然后一些辅导员就按照学号编排班级,我认为这是偷懒而不可取的做法。因为这样做虽然一时的工作量少,但以后可能会有很多麻烦,尤其不利于班级干部的配备,更会造成一些班级整体状态很好而另一些班级整体状态较差的不均衡现象。

一个是管理制度方案。

管理制度具有两个基本的功能:一是约束的功能,二是引导的功能。约束是为了防止违规,而引导主要是通过对制度的学习和训练,教会学生专业的操作规程。因此,开学前的制度设计需要考虑得尽量周全些,可以参考前人的成果,但一定要结合自己专业的特点。

以下这三个管理制度是必须有的:班级管理制度、寝室管理制度、学年综合评价制度。这三个制度中,学年综合评价制度最为关键,因为它对一个学生一年的学习行为具有指导和影响的作用。比如,德育分的评价,如果是辅导员自己说了算,学生就可能用利益关系影响辅导员的判断。如果以学生参加班级管理或集体活动作为依据,学生就会主动参与班级管理,积极参加班级活动。制度的制定一要有宽度,不要太细;二要与学校的有关要求相一致,不要出现冲突的现象。关于制度会影响辅导员公平管理班集体的问题,前文已有专论,在此不赘述。

一个是培养活动方案。

除了上课之外,举办适量的班级活动对于养成学生一定的德行品质很有价值,辅导员不可偷懒。学生步入社会后,在大学期间培养的情商就具有非常重要的影响作用。比如,有学生认为要想得到好的综合评价必须给辅导员送礼,那么他将来走上社会,处理事情首先想到的就是如何走捷径,如何通过"违规"手段使自己得到好处,至于是否会有其他影响他从来不会考虑。因此,有良知的辅导员务必做好这个方案的设计。

活动方案要为设定的培养目标服务。方案要有长度,应根据学生在不同年级的状态设计不同的方案,应顾及阶段性、专业性和班级个性。所谓班级个性就是一个班级大部分人的爱好和特长所表现出来的个体特征。比如班里大部分同学是男生,班级活动就应该多考虑适合男生的内容。

辅导员班级管理工作低效探究

如何向班级管理要效益,是每一个高校辅导员都面临的实际问题。在辅导员工作的全部内容中,班级管理是重中之重。但是,很多辅导员忙得团团转,结果还是成绩平平,只能祈求不出事,学生平平安安。一些辅导员在带了一届学生以后就想着改行,甚至一些人在带学生的过程中就逃离了。问题的症结在哪里?

我们认为,逃离不仅仅是因为累,还因为沉重的付出却看不见成果。其问题的根源应是辅导员工作的两个方面存在不足:一是班级的结构不够合理,二是工作的着力点不准。为了充分讨论,我们将在后文专门对这两个问题进行探究,在此先就班级结构不合理所导致的班级管理工作劳而无功做些简单分析。

我们知道,引起事物的质变有两个原因:一是数量的增加,二是内部结构的变化。我们这里先讨论内部结构的变化。例如,同样是碳元素,由于组成的结构不同,就生成了石墨和金刚石两种完全不同的物质。

班级结构可以有很多分类,这里主要谈两个方面:一是班委的组成人员共同构成的班级干部结构,二是班级的不同组织形成的班级组织结构。这两种结构共同影响班级的整体风貌。因此,导致班级结构不合理的原因也就主要有两个方面:一是辅导员用人的准确度,二是组织结构的合理度。

用人的准确度,要看辅导员个人的能力和运气。能力说的是辅导员是否能慧眼识珠,先是找对人,然后是用对人。选错人或者用得不合理,都是班级结构不合理的直接诱因。运气说的是辅导员有没有得到好的苗子。这真的不好说,如果遇到了好苗子,怎么用都顺手;如果没有遇到,再好的慧眼也看不见"珠"在哪儿。

当然,如果没有传说中的"珠",合理利用不同组织形成的班级结构,依然可以获得良好的效益。什么是不同组织？在班级里还有不同组织吗？有的。在班级中，正式的组织有班委和团支部，还有非正式的组织，就是学生的群体组织，像学生自发组织的兴趣小组就是典型。一般来说，在班级中，非正式组织往往比正式组织发挥的作用还要大。因为非正式组织是学生自愿参与的组织，只要用得好，就很容易调动。而正式组织，往往会由于多方面的因素，反而不那么容易发挥作用。所谓合理度，就是面对正式组织与非正式组织，辅导员应力求做到"两手抓，两手都要硬"，而不要"一手硬，一手软"。

问题是，不少辅导员只有班委和团支部这一手，非正式组织基本没有，或是有也不在意，白白浪费资源。一旦班委、团支部出问题，一个班的工作就基本瘫痪了。

我们建议辅导员在处理这两者关系时，应注意引导正式组织的学生干部主动服务非正式组织的学生群体。这样做的正确性在于，准确地理解了邓小平的"领导就是服务"的理论精髓，把握了"管理"的理论实质。严格来说，学生干部的工作不是管理，主要是通过服务来体现管理，而不是一般意义上的以约束、监督、指派等为主要形式的管理。

从这个意义上，我们来理解在现实的班级管理中存在的班级结构的不合理度，就容易多了。为什么有些学生干部常常在工作了一段时间以后就会与普通同学产生严重的对抗情绪？因为他们总自觉地或不自觉地以约束、监督、指派的形式开展工作，这在年龄、阅历、学识相仿的群体中，怎么可能长期实现呢？为什么有些辅导员为班级管理付出了那么多却收获平平？因为他们的重心大多用在了正式组织的管理上，而忽视了非正式组织的价值。由于没有正确引导正式组织的服务意识，没有在实践中践行服务理念，非正式组织就会在熟悉学校生活以后，"走自己的路，让辅导员着急去吧"。因此，不要小看这个"服务"的理念，它是连接正式组织与非正式组织之间的黏合剂，有了它，即使在用人上有一些不足，也会在相互的支撑中走向稳定。没有它，就会因单向用力，导致班级结构的合理度降低。

辅导员还要提升的认识是，不要以为这种服务意识仅仅是为了班级工作。对于学生的培养来说,这种服务意识的养成将有益于他们将来的职业人生,应有意识地去看看我们党提倡的"为人民服务"的光辉理论。这不是一个简单的口号,而是党之所以能够执政为民的根本精髓。辅导员应身体力行,用服务的行为贯彻自己工作的始终,引导学生干部真心实意为同学服务。

优化班级结构　提升管理效率

　　我们说一个人办事效率高，一方面是说他办事快，另一方面是说他办事质量好。因此，提升班级管理效率，就是指辅导员的班级管理工作不仅质量好，而且用时短。就时间的维度而言，还可以这样理解，一个辅导员比另一个辅导员的工作有效率，一般是说他能够在相同时间内，可以完成更多的工作任务，且能够保证质量。

　　当然，影响班级管理效率的因素有很多。比如辅导员的管理能力，所带学生的质量，班级干部的执行力，等等。因此，在相关的研究中，如何提升班级管理效率也是见仁见智。但是，在班级管理的实践中，很多辅导员认为自己的工作效率无法提升，是因为要完成的事实在太多了，不仅仅是班级管理工作，还有很多意想不到的甚至是额外的工作。对此，我们认为，最佳的方案，应该是让辅导员从繁重的事务中走出来，把主要的精力用于解决班级管理中的重要工作，才可能提升班级管理效率。事实证明，优化班级结构可以有效帮助辅导员走出班级管理工作中事务缠身的困境。

　　遗憾的是，这个问题一直没有被重视，因为很少有人言及班级结构，甚至不少人从没有意识到班级结构的存在。其实班级是有结构的，正如一个立体的物件，一般都有内部的骨架结构，否则就立不起来。因此，要讨论结构，就必须了解结构组成的骨架是什么。在任何一个班级，都有班委和团支部，这两类班级干部组织一旦形成，就同时组成了班级结构的骨架。在日常的交流中，人们评价一个班级不良的班风状态，经常会说这个班级整体都塌了，说的就是组成班级的骨架塌陷了，也就是指班级的班委和团支部成员基本上没有起到应有的作用。显然，班级管理的好坏，骨架十分重要，班级干部对于班级管理的重要性非常大。正因为如此，讨论提升班级管理效率，人们往往把注意力集中到班级干部的选拔上，而忽略了班级的某些结构问题。

对于辅导员来说,讨论优化班级结构的意义至少有两个方面。

一方面,在微观的意义上,有益于探究班级干部的优化组合。众所周知,不同的人适合不同的工作,尽管有的人可以适应不同的工作岗位,但也一定是在最适合他的岗位上才能充分发挥所长,取得不俗成绩。班级虽然只是一个很小的组织单位,但它的功能和作用对于干部素质的要求并不简单。无数的事实证明,凡是在大学期间有过良好班级干部经历的人,将来到社会工作岗位上都不会太差,很多人会从事社会管理的岗位且干得不错。这至少说明,在大学期间班级管理的工作经验有助于一个人在未来的社会工作中提升自己的工作能力。但是,我们要清楚,在同一个组织里,人人都有很好的素质是很难得的。一般来说,最佳组合且最容易搭建的班级骨架是"人尽其才"的组合。这一点,很多辅导员都注意到了,他们在选拔班级干部时都注意到了充分利用学生个人的特长。比如,体育委员一定是热爱体育运动且懂得一些体育常识的人,文艺委员一定是在文艺方面略知一二的人。但这还只是优化结构的一个方面。所谓优化,不仅仅是"人尽其才",还应该是不同的班委之间能够达到相互支撑,相互映衬,从而共同用力,将作用发挥到最大化。打个比方来说,优秀的木匠,一定是能够"物尽其用"的,不仅仅是将好木料用在重要的地方,还能够将不太理想的木料用在恰当的地方,让其发挥应有的作用。我们探讨班级结构的优化,一个必须面对的事实是,辅导员手头的"木料"总是有限的,如何充分利用这些现有的材料,打造出一个好的"物件"——班级风貌,是要下一番功夫的。

另一方面,在宏观的意义上,有益于探究提升班级管理效率的好路径。前面我们强调的"人尽其才",是就人本身的能力说的。这一点,是大多数辅导员都已经注意到并在实践中基本践行的。就班级管理效率而言,班级结构优化还要强调的是,不同的结构将会影响班级工作的整体效果。这一点少有人问津。一是因为班级结构从来就有现成的,安排班委和团支部,历来如此,想也不用想。二是因为班级的班委数量和分工在学校里是规定好了的,不能随便改变;如果改变了,学校在各种评优评先工作中也不会承认,学生也不会因为班级工作而放弃"名正言顺"的班级干部职位。因此,如何在不改变现有的班级干部岗位的基础上提高班级管理效率,就要求辅导员在班级管理的工作中,选择有效的班级结构形式。我们认为,这个结构形式应以达到班级管理效率最大化为最佳选择。对于 1∶200 的师生比来说,谁能够搭建起合适的班级结构,谁就可能在班级管理的效率上处于领先地位,就能够真正从繁杂的班级管理事务中解放出来,集中主要的精力处理重要工作。

本文就三种班级结构模型进行讨论,或许可以为辅导员提供一点有价值的参考。

第一种,普通结构模式。这是我国高校班级管理的基本结构模式,如图 1 所示。

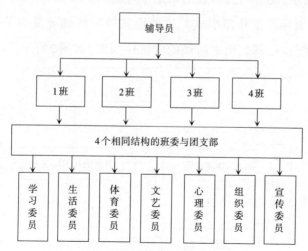

图1　班级管理的普通结构模式

按照 1∶200 的师生比例和每个班级 50 人计算,一般会有 4 个小班,每个小班配有班委和团支部,不同的学校会在班委和团支部里安排不同数量和名目的干部。比如,有的学校有纪律委员、认证委员、安全委员等。我们不必去讨论设置这些委员是否合适,辅导员要解决的就是如何让合适的学生站在合适的岗位上,如何构建有效率的班级结构形式。

这种普通的结构模式,从有了班级授课制的教学模式开始,就一直沿用至今,从中小学到大学,基本没有大的变化。就一个小班来说,管理效率最大化是比较容易实现的。但问题是,一个辅导员至少要管理 4 个班级,如果不讲效率，就容易让自己陷入繁杂的事务之中。就拿当下比较流行的"谈心谈话"工作来说，一天与一个学生交流，一年才大致一个轮回。再有几个"刺头"的学生，辅导员就会感到"头大"。因此，这种结构让辅导员的忙碌不可避免。

这种班级结构的好处在于：操作简单，学生在心理上认可度很高；辅导员只要把岗位安排好，就可以运转。但就班级管理效率而言，其不足也十分明显。一方面，由于班级较多，同样的工作，辅导员可能就要重复布置，势必增加工作量。另一方面，由于不同班级的学生干部能力参差不齐，辅导员以"一对多"的状态管理各个班级的工作，其工作量也是可想而知。可以说，在这种班级结构中，辅导员想解放出来是不可能的。

第二种，辅导员工作室模式。这种模式是一些辅导员为了减少自己的工作量，试图把自己解放出来所做的尝试性探索，如图2所示。

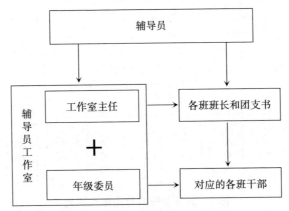

图2　班级管理的辅导员工作室模式

这种结构的做法是，辅导员从各班班干部中抽出一个优秀分子，称为年级委员，这些年级委员共同组成辅导员工作室，随时听从辅导员调遣。这个工作室还设立一名工作室主任，相当于辅导员的工作秘书，但其职权是分配工作任务，不具有调动其他班级干部的权力。考虑到班级干部的设置在学校是有规定的，所以，工作室主任不可能单独设置，必须是从班干部中兼职设立一名。由于这个工作室主任的权力有限，辅导员虽然减少了工作量，但从整体上看，还是以"一对多"的状态工作。

　　这种结构的好处在于,在一定程度上,给辅导员松绑了,一些相同的工作由年级委员来牵头管理,不再需要辅导员逐个安排。但其弊端在于,由于年级委员的确立,有很大可能降低其他学生干部的工作积极性。这样既不利于班级干部的内部团结,又不利于各个班委之间的交流。这种做法,看似给辅导员组成了一个"加强型"的管理班子,其实,这个班子可能既没有起到稳定各个班原有结构的作用,又没有起到强化整个工作框架结构的作用,处理得不好甚至可能导致整个框架松动。在这个意义上,我们建议辅导员慎用这种班级结构。

　　这种结构操作的难处在于年级委员的确定。学生都刚进入大学校门,谁也没有经历过大学班级的工作锻炼,谁的能力强,谁的能力弱,在刚开始的时候是比较难知晓的。

　　第三种,班委联席会议模式。这种结构是辅导员试图从繁杂的事务中解放出来的又一种尝试,如图3所示。

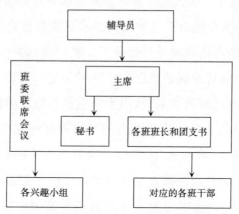

图3　班级管理的班委联席会议模式

　　这种结构是将辅导员所带班级的班长和团支书集中起来,成立一个独立于班级之外的班委联席会议机构。这个机构设立一名主席,主席本人带领一个秘书。这个主席由辅导员授予应有的权力,可以调动各个班级的所有班干部。同时,班委联席会议统一管理辅导员名下成立的各类兴趣小组。

　　这种结构的突出优势在于,辅导员只要抓住主席一个人就可以了,其他工作由这个主席带领各位班长和团支书直接处理。这种结构无疑是辅导员可以从班级管理的繁杂事务中解放出来的最佳方案。当然,这种结构的其他好处也很明显:一是基本保持各个独立班级原有的状态,班长和团支书按照学校的各项要求正常工作,学校的各种评比不会因为班级结构的变化而受影响。二是由各个班级中具有相同兴趣爱好的同学组成的兴趣小组可以跨越班级的界限,在同一个辅导员的带领下开展较大范围的活动,从而影响辅导员所带学生的整体风貌。三是主席有了兴趣小组作为抓手,班长和团支书服从统一安排就成为必然,否则,班委联席会议就有可能成为空架子。辅导员只要稍稍做些工作,就可以让主席得心应手地履职了。

这种结构的难点在于,班委联席会议主席人选的确定。因为大家都是刚进入大学校门,相互之间都很陌生,不仅仅是班委在实际工作中可能导致学生的抵触情绪,辅导员也有可能受到不良情绪的干扰。班委联席会议的主席,作为学生群体中的一员,想在同学中树立威信,有效地开展工作,十分具有挑战性。因此,这个主席人选的基本素质要求一定是很高的。

一要有很强的执行能力。这种结构要求班委联席会议主席直接向辅导员负责,要十分清楚自己和辅导员的分工。辅导员也要清楚,设置班委联席会议主席一个重要的目的就是要在充分发挥学生自我管理、自我教育、自我服务的基础上,让自己解放出来,腾出手来主抓思想政治教育工作。班级管理的工作完全可以依靠学生自我能力的发挥很好地完成。可以说,主席的执行力将决定辅导员"被解放"的程度。这里有一个问题需要补充说明,辅导员难道只要抓好思想政治教育工作就可以了吗?很多辅导员是不放心也不认可这种做法的,认为事必躬亲才是真正干实事的辅导员。其实不然。我们都知道,思想政治教育工作一个重要的任务和着力点就是要解决人们思想认识中的"愿不愿"的问题,而不是解决实践操作中的"能不能"或"会不会"的问题。事实上,人们都清楚,一件事难不难,技术问题是其次,关键是执行者"愿不愿"。因此,辅导员的大量时间应花在动员学生主动和乐意参与班级管理上,从而使学生达到自我教育的目的,其获得的效益要远比事必躬亲多得多。

二要有很强的协调能力。很多辅导员为学生操碎了心,可结果不仅得不到学生理解,还可能招来抱怨。原因可能有很多,其中一个重要的原因是:在学生和辅导员之间,缺少一个协调员。事实上,人与人之间的交往产生的误解和矛盾就常常需要这个协调员来化解。在家庭中,父母和子女之间有了矛盾,父母中有一个人就会自然充当这个协调员的角色,家庭矛盾就可以得到解决。而单亲家庭中的矛盾容易积累,就是因为相互间没有一个协调员。由于班级管理工作事务繁杂,师生之间难免会产生误会和小摩擦。辅导员如何在学生中树立良好的形象,如何将自己的爱心表达出来,且能够被很好地理解和接受,这就要在辅导员与学生之间,设置一个协调员。一般情况下,这个协调员如果是教师,在学生中的可信度就会降低。如果是学生,朋辈之间的感受交流、经验分享就很容易被接受。因此,班委联席会议主席要能够胜任这个协调员的角色,要善于在师生之间做好协调工作,既要在学生中维护好辅导员的良好形象,又要向辅导员表达好学生的合理诉求,要让辅导员的思想工作做到点子上。

在实际操作中,班委联席会议主席人选的确定,与第二种结构中年级委员人选难以确定的现实处于同样的困难境地:学生刚来,辅导员很难一眼看出哪个学生更适合这个岗位。这确实需要经过一段时间的寻找和培养。一方面,可以通过学生的档案看学生过去的经历。另一方面,可以通过一段时间内委以重任来锤炼,看是否合适。但最保险的做法是经过一个学期的观察和培养,然后在众多的学生干部中找到这个主席。

需要说明的是,这个主席的干部编制在任何一个学校都是没有的。辅导员如果采用班委联席会议的结构模式,应考虑这个主席对于班干身份的基本诉求。如果本人并不在乎,则无须考虑太多。如果比较在乎,也属人之常情,应当给予适当满足。可以考虑在班级的某个事务不太多的岗位上给他安排一个正式的职位,另外再任命他为班委联席会议主席。

基于以上认识,以及对班级管理效率的理解,我们建议两类辅导员可以考虑采用这种班级结构模式。一是半路接班,做一个已经有较为丰富的大学生活经历的班级群体的辅导员(本科类学校三年级以上,专科类院校二年级以上,由于时间较短,不宜采用)。二是所带班级人数较多的辅导员。

班级管理"着力点"的思维转换①

高校辅导员班级管理低效的另一个原因是班级管理的"着力点"有问题。我们常常用"着力点"来形象地说明高校辅导员在班级管理工作中对工作重点的判断和把握。一般而言,班级管理工作的"着力点"主要指工作对象和工作内容两个方面。但这个"着力点"具体是什么,如何运用这个"着力点"带动班级管理工作的全局,一直是困扰辅导员的两个难题。因此,认真地加以分析,有利于改变过去的方式,实现"着力点"的转换,从而达到事半功倍之效。

一、着力"两头"的管理在高校班级管理中可能有局限性

"抓两头,带中间"的工作方法被广泛地运用于一般的管理工作中。即对应比较积极的、中间状态的和比较落后的三类人群,将管理的对象用事物的三分法分成好、中、差三个层次。管理者只要抓住"好"和"差"这两头,就可以带动中间的层次,从而推动整个工作。一般来说,对于一个集体,抓住了"好"的一头,以其给大家树立榜样;抓住了"差"的一头,以促其进步;两头都抓住了,就能够带动中间层次,使这个集体获得良性发展。就社会工作而言,这应是不难获得的结果,这也是人们习惯于采取这种方法的一个重要原因。显然,这种观点认为,一个集体管理工作的"着力点"应在"好"和"差"这两头,抓住了这"两头",就可以把"中"给带动起来。

我们知道,优秀的同学之所以优秀,是因为他们在学习习惯、工作作风、主动性、自我管理能力等方面比其他同学好,辅导员在工作中基本不需要花太大力气就能够带好他们,他们是班级中各项工作的积极分子,是推动班级工作的骨干,"抓住"他们就容易在班级中树立好的榜样,影响其他同学,从

____

① 此文发表在《高校辅导员学刊》2010年第3期,收入本书时有改动。

而对班风建设起到好的作用。但我们看到,在实际工作中,正因为这些学生很优秀,辅导员"抓"的力度并不大,一方面因为不需要太大力度就能够收到效果;另一方面,大量的事务性工作常常使辅导员应接不暇,他们难免在可以适当放松的环节"偷点懒"。所以,优秀的同学在辅导员的眼里,不是"抓",而是"放"。

所谓"差"的同学,就是那些让辅导员"头疼"的同学,他们或学习成绩不好,或不遵守纪律,或为人处事低能,甚至是班级工作的"麻烦制造者"。辅导员如果不"抓"好他们,班级工作中总难免有这样那样的问题发生,给整个班级工作拖后腿。在实际工作中,我们也确实看到,很多辅导员把大量的精力用在"抓"这一头上。但由于辅导员的能力和使用的方法不同,结果迥异,总体效果并不理想。因为辅导员抓"差"的目标只是使他们转化为中间层次。也就是说,"差"这一头并不是中间层次的同学需要学习的榜样,相反,这些被"抓"的同学应该向中间层次的同学靠拢。可见,辅导员运用"抓两头,带中间"的方法来管理班级,最理想的结果也不过是中间层次的人数增加了。

由此看来,"抓两头,带中间"的工作方法运用在班级管理中,存在一定的局限性。从工作的过程看,辅导员只抓了"差"这一头;从工作的结果看,班级的整体状况不是被带到了"好"的层次,而是在中间这个层次卡住了。因此,辅导员如果把"两头"作为班级管理工作的"着力点",其结果充其量不过是使班级整体水平处于中间状态。这正是我们在实际工作中常见的现象——辅导员工作做得很多,可结果还是不好不坏。其原因在于:"抓两头,带中间"在高校班级管理工作中运用的实际情况是"抓一头,拖中间"。显然,高校辅导员班级管理工作的"着力点"不应在"两头"。

二、班级管理应着力"中间"

在高校班级中处于中间状态的人是最多的。他们一般比较听话,能够团结同学,较好地完成专业学习任务,遵守纪律,积极参加班级组织的各项活动,自我管理能力较强。与"好"和"差"的两头相比,"中间"这个群体大致有这样一些特点:一是人数多,影响大。一般要占到班级总人数的三分之二到四分之三,可谓"人多势众"。二是核心多,分群杂。不同兴趣爱好的同学、住在不同宿舍的同学可能分别聚集在某个核心同学周围,形成若干个小群体,给集中统一管理增加难度。三是能人多,潜力大。处于中间状态的同学,有大量"身怀绝技"的,只要辅导员能够调动他们的积极性,他们就会发挥出巨大的能量,为班级各项工作献计献策,且不遗余力。四是想法多,不稳定。在社会生活多元化思想的影响下,大学生的思想表现在班级管理中则是摇摆不定:当他们觉得可以拥护辅导员的时候就站在辅导员这一边,觉得不愿意拥护的时候,往往又集体脱离。因此,如果辅导员不能统一他们的思想,就不可能做好管理工作。

通过对这些特点的分析,我们不难看出,辅导员在班级管理中的"着力点"应当是而且必须是班级中处于中间状态的群体。

(一)着力"中间"就是抓住了班级的大多数

这对于班风建设无疑是十分有益的。班风建设只抓几个积极分子是不可能做好的,他们的影响再大,最多不过是榜样,如果没有人学习,就永远是束之高阁的"欣赏品";如果大多数人都很积极,则不需要榜样也可以将班风建设得有声有色。尤其重要的是,人多力量大,参与班级管理的人越多,班级管理工作越好做。就班级整体水平来看,着力"中间"对于优秀的那一头可以起到推动的作用,对于落后的那一头可以起到影响从而带动的作用。这种作用要比"抓两头"的效果好。

(二)着力"中间"就是抓住了核心人物

在班级群体中有若干个小群体是很正常的现象,如果辅导员注意观察就能够发现这些小群体中的核心人物。他们或因自己的学习成绩成为众人赞赏的中心,或因自己的能力成为大家追捧的明星,或因自己的品质成为同学信赖的挚友。这些核心人物在各自的小群体中都有很高的可信度和影响力,但当他们混在中间状态的同学中时,常常不会引起注意。如果辅导员不注意抓住中间,就可能忽略了他们。其结果必然是各个小群体对辅导员的感觉不一,极大地耗散了班级管理的内在凝聚力。这恰恰是一些辅导员的班级管理总是事倍功半的深层原因。

(三)着力"中间"就是抓住了班风建设的灵魂

班风就是班级的特色,一个班级的特色是靠那些"身怀绝技"的学生支撑的,如果没有他们的积极参与,就很难使班风的特色凸显。辅导员抓住中间群体,就很容易调动这些有才艺的同学的积极性。如果能够为其搭建平台,使其施展才华,班风建设必然能够极大地满足学生的追求,辅导员的号召力也必会因此与日俱增。相反,倘若辅导员忽略了这些人,使他们感到"怀才不遇",对班风建设的负面影响自不待言,辅导员成为"孤家寡人"的日子也就不远了。

三、着力重要人物推动班级管理

从前文的分析我们可以看出,在中间状态的人群中,分布着若干个小的群体,其中不乏核心人物和多才多艺的能人。辅导员完全可以通过抓住他们,从而抓住整个中间状态的人群,以此带动全局。具体地说,每个辅导员都可以通过抓住以下所列的重点人物推动班级管理工作。

(一)抓住非正式群体的负责人

在每一个班级里,非正式群体的同学都是根据自己的兴趣爱好走到一起的,他们彼此之间很容易获得高度的认同,形成融洽的同学关系。经过一段时间的磨炼,就会产生这些非正式群体的负责人,他们在自己感兴趣的领域有一定的影响力和号召力,他们的喜怒哀乐对他的同伴们会产生心理上或思想上的影响。因此,抓住这些负责人,就等于抓住了与他们关系密切的一群人。辅导员如果能够充分利用这些积极的因素,通过影响这些负责人的思想、情感来影响全体同学,比通过以行政命令的形式要求或强迫学生达到某种思想的统一或行动的一致要快捷而深入得多。

(二)抓住有一定影响力的核心人物

在中间状态的人群中,分布着若干个看似没有领导的小群体,其实,这些群体中都有自己的核心人物。他们之所以能成为核心,一个突出的表现是他们能够对周围的人和事有着明确的认识和态度,而且这些认识和态度无论对错都可能影响着他们所能够影响的人。比如,他们对辅导员的认识和态度如果发生偏差,就可能使一批人莫名地站在他那一边,而置辅导员于尴尬的境地。如果这种情况发生,辅导员几乎是无力回天的。因此,辅导员要密切关注这些同学,不是通过同学的"线报",而是通过自己的眼睛观察,来发现这些有较高人格魅力的同学,用自己的真诚团结他们,影响他们,使他们了解自己的为人处事方式和工作方法等,以使这些核心人物能够在同学中真实而客观地勾画出辅导员的形象。

(三)抓住有特殊情况的学生个体

每一个班级都有一些需要特别关注的学生个体,这也是全国高校辅导员都十分注意的人群。但是,我们认为,辅导员对他们的关注不单是要解决他们的问题,还要善于以此建立良好的师生关系。我们发现有些辅导员对学生的关注仅仅是因为工作需要,而不是发自内心的关爱。比如对经济困难的学生,只是想办法给他们提供一些获得补助的机会,别的就不太过问了。这种低层次的关注在给学生解决了经济困难的同时,必然让学生产生自卑心理,因为学生并不知道辅导员的这种关注到底是爱他、帮他还是可怜他,他到底是该感谢辅导员,还是觉得这是辅导员应该做的,无所谓感激。如果辅导员在给予困难学生经济帮助的同时还关注他困难的原因,还能够尽己所能给他提供必要的勤工助学的机会以使其获得自我解困的能力,就会在自己的关注中向学生传递真诚。这种对特殊学生的关注才是有价值的。因为这种关注能够在师生间建立起一座良好的情感沟通的桥梁。

好的风气要尽快形成(上)

——辅导员的"三风"建设内容

由于气压分布不均所导致的空气流动,就形成人们可以感知的风。其特点是无影无形、无处不在、无孔不入,凡在其吹拂之下的所有事物都会受到不同程度的影响。人们借用风的这种特点来形容在一个群体中形成的带有共性色彩的行为习惯,并形象地称之为风气。在一个群体中,一旦形成某种风气,则个体的行为就会受到风气的无形影响从而发生质的改变。在人们的习惯用语中,能够比较典型地说明风气影响客观存在的一句话是:"没有办法,大家都在这么做。"

辅导员的班级建设和管理不妨利用风气的有利因素,让好的风气尽快形成,将有益于班级各项工作顺利开展。时间以大一下学期为最佳,因为通过第一个学期的磨合,各项工作基本铺开,但并没有定型,辅导员在新的学期对部分工作进行适当调整,学生在心理上是完全能够接受的。辅导员应力求以学风、班风、室风建设为目标进行班级管理各项工作的相关设计。其他年级的辅导员如果这方面的工作没有做,也应及时加以重视,亡羊补牢,未为迟也。

第一,以相亲相爱、和睦如家为主要特征的室风建设。

室风是指寝室之风。寝室是大学生活极其重要的场所。如果寝室风气不正,则会给学生精神上造成不良影响,甚至关涉一个学生对自己大学时代的认同感。因此,室风建设不可小觑。在一定的程度上可以说,良好的室风会促进学风和班风建设。现在高校一个寝室住宿人数最多八个人,极少数学校有豪华两人间的宿舍。我们提倡学生宿舍人数偏多一些,这对于室风建设有益。良好的人际关系是室风建设的前提,也是促进大学生健康成长的重要环境。因此,辅导员在寝室人员分配方面要有意识地下功夫,尽量把有相同或相近的兴趣爱好或生活习惯的同学安置在一个宿舍。比如睡觉有打呼噜毛病的，最好能住在一起，否则就可能造成不可调和的矛盾。一些辅导员在安排宿舍的时候是随机的，也不太愿意让学生随意调整宿舍，从工作管理角度来看可以理解，但从人性化管理和室风建设角度来看，大一第二学期开头适当调整宿舍并非坏事。通过一个学期的相互适应，有的宿舍已经很融洽了，不需要调整，有的宿舍可能需要调整，如果不调整，就容易留下隐患。

第二，以相互激励、不甘落后为主要特征的学风建设。

从大一开始，辅导员就根据各种学习纪律要求在做与学风建设有关的工作。相反，如果没有以学风建设为目标，而只是简单地围绕校规校纪的要求进行学生学习管理，则很难形成良好学风。即使低年级学生遵守纪律的状态比较好，一旦到了高年级，这种风气就会烟消云散。以学风建设为目标，要在一些具体的细节上认真下功夫。比如，为学生营造良好的学习环境和氛围，有及时的指导和激励，有明确的目标和科学的方法，有明显的阶段性成果等。即把学生的学习活动作为一个系统的工程来做，而不是简单地在课堂纪律和其他学习纪律上做硬性的规定。当然，我们并不否认必要的硬性规定应有的作用。

第三，以健康和谐、团结奋进为主要特征的班风建设。

班风建设是一项比较复杂的工程，非一朝一夕所能成，更不可能毕其功于一役。辅导员做工作要像炖鸡汤一样，慢慢地用文火熬，才能做出优秀的成果。第一学期做的大量的基础工作都很有价值，即使有问题、有疏漏，也可以通过渐佳的班风建设将其纠正过来。我们建议辅导员在大一第二学期以学风建设为龙头，带动班风建设。因为学风建设容易让学生切身体会到自己的收益，学生主体有获得感，就容易调动其参与工作的积极性。我们建议班风建设以健康和谐、团结奋进为目标（表现出来就是班风的特征），容易被学生接受，具有可操作性。这里的"健康"，是每个人都能够正确处理个人与班级的关系，认识到班级利益高于个人利益，他人利益与个人利益是辩证统一而不是冲突的、不可调和的。这里的"和谐"是指良好的班风与学生的个人发展和谐统一,个人的健康发展与学生的健康发展和谐统一,辅导员与自己的学生和谐、快乐相处。这里的"团结"要求每个人都能够通过积极的自我管理来协调班级管理中可能发生的冲突或矛盾,师生之间能够无障碍地表达自己的思想或情绪。这里的"奋进"要求每个学生都能以个人的努力带动整个班级积极向上。

辅导员的"三风"建设相辅相成,相得益彰。如果我们非要给这"三风"一个逻辑关系的话,那么放在第一位的一定是室风建设。因为室风关涉一个学生能否拥有一个愉快、幸福、难忘的大学生活。一个不争的事实是,一些大学生对自己的母校没有感情,大多因为寝室里没有好朋友。学生寝室就是一个小家庭,这个小家庭让学生感到安全温馨,他就会安心做好自己的事情。相反,这个小家庭让学生感到厌烦,其他事情就基本做不好了。所以,辅导员可以通过调研和访谈的形式来做好这件事。放在第二位的应该是学风建设。学习是学生的基本任务,辅导员进行有意识建设的时候,会使这种单调的生活变得主动和丰富。它影响着室风和班风的健康质量,在本质意义上还可能影响辅导员工作的水平和绩效。把班风建设放在第三位,是因为其建立在室风和学风建设基础之上。如果室风和学风建设得不好,班风基本免谈。对于辅导员的班级管理来说,室风建设是基础,学风建设是核心,班风建设既是目标也是目的。当一个辅导员所带的班级有一个良好的班风时,这个辅导员就基本"功德圆满"了。

好的风气要尽快形成(下)

——辅导员的"三风"建设方法

室风、学风、班风建设,其现实价值毋庸置疑,对于大一辅导员来说,更是刻不容缓。只是在日常的班级管理中,有的辅导员可能没有想起来把这三个方面综合考虑,统筹安排。所以,有时候会觉得很忙,做了很多事,可认真想起来,好像又毫无建树,茫无头绪。因此,在这个意义上,"三风"建设作为低年级班级管理的目标不失为提高班级管理实效的一条捷径。

辅导员应如何进行室风、学风、班风建设呢? 我们认为,尽快树立好的榜样,进一步加强制度建设,适时开展丰富多彩的活动,有益于促进"三风"建设取得实效。

首先,榜样引领。

榜样的力量是无穷的。这句话耳熟能详,更是思想政治教育工作者善于运用的一种方法。在"三风"建设上,应加以充分运用。一方面,对于低年级大学生来说,虽然他们基本素质尚好,但大多不知道如何开始大学生活。有榜样引领,会很快为大家指明道路,学生也愿意跟着走,这也是学生成长的现实需要。低年级的学生容易调动积极性,原因也在这里。另一方面,对于榜样本人来说,得到老师和同学们的鼓励,有益于提高他们自我成长的主动性和自觉性。被树立为榜样,是一种荣誉,更是一种行为正确的肯定,这对于主体自身加强行为自觉具有很高的价值。一个人的行为一旦得到大众认同,他就会更加自觉地、努力地去做得更好,这是基本的行为逻辑。反之,就会缺少坚持精神,半途而废。一些大学生常常感到迷茫,不知所措,犹豫不决,甚至莫名焦虑,就是因为平时很少得到肯定的信息。那些学习成绩好、能力得到应有展现、行为表现经常得到表彰的同学,大多行为坚持力强,每天都过得很有意义。可见,榜样引领,对于班级管理的"三风"建设意义重大。

　　辅导员可以通过评选"班级最佳"的方式来树立榜样。过去一段时间，大家在学习、交际等方面都有不同程度的表现，辅导员可以有意识地组织自己管辖范围内的评选活动来树立各种榜样。比如，寝室可以有"文明之家""幸福之家""和谐之家"等的评选，学习方面可以有"学习能手""学习标兵""学习突出进步奖"等的评选，班风方面可以有"优秀竞赛手""最佳创意手""最具价值奖"等的评选，还可以更具体些，发动同学们的积极性，奖项的名字由同学们来定。在奖励方面，既要有形式，也要有内容。形式如表彰大会等，这可以增强学生的荣誉感；内容既可以是物质的，比如装帧精美的笔记本等，也可以是精神的，比如颁发奖杯、奖状等。这种肯定信息的传递会在行为上极大地刺激学生的主动性和积极性，在心理上增强认同感，在思想意识上增强思维的正向引导，对于"三风"建设意义非凡。

　　其次，制度相佐。

　　这里的制度并不是另外再搞一套制度，而是对过去已经执行了一段时间的制度进行适当的修订。任何有效的制度都是特定的时间和群体进行自我管理的产物。通过一段时间的学习生活实践，学生的思想观念、行为习惯、知识能力得到了长足发展，辅导员也在实践中长了见识，得到了应有的锻炼，进步是必然的。那么，前面制定的制度就一定在某些方面失去了效用。因此，请同学们对过去制定的相关制度加以完善，是班级管理与时俱进的必然要求。有人会说，相关制度都是学校制定的，我们哪有机会进行修订呢？这里说的不是学生守则里的相关规定或制度，而是辅导员根据学校的相关制度，带领学生制定出来的有益于班级管理和学生成长的具体的执行制度。比如，学校有班级管理制度，辅导员应该有具体的执行细则，简单地用学生守则中的那些制度来进行管理显然不是我们讨论的范畴。

　　辅佐辅导员进行班级管理的制度或制度细则，可以在辅导员班级管理的公平公正公开方面、在学生行为的统一要求方面、在对学生进行相关评价方面起到不可忽略的作用。如果没有这些，就会使辅导员陷于出口成令的尴尬境地。作为一个老师、一个群体的主要领导者，其管理不仅是"有法可依"或是用制度进行规范管理，更主要的是用自己的意志进行管理。

　　制度的修订要起到引领和导向作用。任何一项制度其本质都不是为了约束人的行为,而是通过对行为的导向达到统一行动的目的,从而实现制度制定者的目标。比如,奖惩制度就是这种引领和导向的典型代表。对于一个群体来说,没有统一意志和统一行动,就很难有统一收益。辅导员的工作成果就是通过这种统一收益表现的。因此,在制度的修订上,辅导员要费一番功夫,既要根据学生所在的大学阶段,还要根据"三风"建设的引领与导向的实际需要确定应该增删的内容。

　　最后,活动相辅。

　　班级课外活动是训练学生的平台和场所。"是骡子是马拉出来遛遛"这句俗语对我们这方面的工作很有启发作用。如果辅导员不给学生创造可以"遛遛"的平台和场所,学生的成长就是一句空话。人们对活动的理解或多或少存在一些误区,因而影响了辅导员开展活动的积极性。学生的误解是:活动就是那些有能力的人自我表现的舞台。因此,几次活动下来,那些没有机会表现自己的学生就没有积极性了。活动的本质要求在于每个人都是参与者、受益者,而不是表现者。学生的这种误解与他们处于乐于自我表现的阶段有关,也与他们过去的学习经历有关。这是可以理解的,但辅导员应加以引导。老师的误解是:学习就是要安静下来,要坐得住板凳,活动可以让学生放松身心,偶尔为之即可,不要搞什么花架子浪费时间。这种误解并非是反对搞活动,如果能够取得好的效果,他们也会站到赞成的一边。一些辅导员的误解是:搞活动就是会"来事儿",是个别想尽快晋升的辅导员在领导面前邀功请赏的手段。这种误解的来源可能恰恰是自己想通过活动来晋升的心理反映。我们不否认能够组织活动是辅导员的能力体现,但至于能否用来作为晋升的条件,应该只是一句笑谈。说实话,从理论上来驳斥一些误解是没有价值的。任何事情,做起来都是一个立体的呈现,人们从不同的侧面去评价它的现实价值是可以理解的。但辅导员一定要清楚,并且要坚定地站稳立场:有益的班级课外活动对于学生成长的价值是不可替代的,在开阔学生专业视野、锻炼学生专业实践技能、磨炼学生思维的缜密度等方面都极具价值。就集体管理来说,丰富的活动和优异的活动成绩对于辅导员的

"三风"建设无疑具有极大的推动作用。

因此,对于辅导员来说,不能把班级课外活动简单地理解为与学生的学习和成长无关的玩乐,而应该清楚地意识到,有益的活动能在很大程度上促进学生的专业学习。为此,在活动的设计上应考虑到学生学习的专业以及专业所需要的基本素养。比如,医学院的学生,特别是护士专业的学生,可以让他们进行十字绣的比赛活动。看起来这项活动与专业学习没有关系,但是,十字绣所需要的细心、耐心、专心等品质,与医学专业学生的基本素养并非毫无关联,甚至在医德修养方面是相通的。还有如文学专业的杂文比赛,播音专业的演讲比赛,等等。精心地组织每一次活动,力求每一次活动都能在学生的心目中留下深刻的印象,应是辅导员进行活动设计的目标。当学生走上工作岗位,甚至是多年后返校,还能记得自己的辅导员曾经给自己设计的活动及其带来的影响,这就是辅导员最大的荣耀。

浅议辅导员与学生如何相处

新生进校,对于辅导员来说,就意味着师生交往的开始。这个开始无论对于辅导员还是对于学生来说,都不是一时半会的事情,就成长的意义而言,其相互的影响却不可低估。所以,几乎所有辅导员的态度都十分认真。如果我们能够理解态度认真并不意味着方法正确,就不难理解,正是因为太看重师生关系,却把这种关系处理得自己觉得都不那么顺畅,给后面的工作增添意外的麻烦。

俗话说,好的开始是成功的一半。师生关系的良好开端也是如此,在一定意义上看,这对于整个辅导员期间的工作也价值非凡。

辅导员与学生交往的状态大致可以分为三类:一为关系较好的;二为关系较差的;三为普通的常态,即那种说好不那么好、说坏也不那么坏的。也可以用两分法,将第二和第三类放在一起。即总体上看,辅导员和学生的关系有较好的和一般的两种状态。

关系较好的状态表现为师生之间比较和谐融洽,学生对辅导员的认可度比较高,甚至大多数同学能够以“姐”或“哥”之类的称呼表达自己与辅导员的亲近感。尽管我们并不太提倡这种称呼,但作为一种心理距离的情感表达,学生这样称呼也可以理解。

事实上,不管是较好的还是一般的状态,辅导员与学生之间的交往都难免出现一些问题。追根溯源,这些问题多由于辅导员处理师生关系不当,拿捏不准所致。因为在师生关系中,辅导员是教师,是主动者;学生总是相对被动的,且大多没有交往经验。师生关系出现问题,毫无疑问首先要打辅导员的板子。尽管这让辅导员感到有些委屈,因为自己还没那么快进入角色,但作为职业工作者,必须面对和承担这样的责任。

一般而言,决定人与人之间关系亲疏的影响因素主要有两个:一是以亲密度为主要表现形式的感情因素，二是以需要度为主要表现形式的利益因素。感情和利益是人际关系中相互影响、相辅相成又相互制约的两个主要因素，两者共同组成人际关系中能量守恒的闭合整体。当感情偏重时，利益就会表现较轻，而当利益偏重时，感情就会变得较轻。我们可以在现实的生活中用这种认识来检验自己与他人之间的关系，体验相互之间的需要度和亲密度。只有当两者处于平衡状态的时候，两者之间的关系才是稳定的。很多时候，人与人之间的关系是从相互之间需要的满足程度开始的。如果没有相互之间的需要，关系就无从建立，亲密度就没有前提。

或许有人不愿意承认这一点，辅导员与学生之间有什么利益因素？当然有！学生对辅导员的需要是因为辅导员关系到自己成长的质量。辅导员对学生的需要是因为学生关系到自己工作的质量，从而关系到自己的价值实现。

基于以上认识，对如何把握辅导员与学生之间的关系这个问题就很容易厘清思路，从而提高认识。我们以辅导员与学生之间偏重情感交流为主要特征的师生关系模式为样本来分析。这种模式的特点是辅导员与学生关系亲密，看上去就是"与学生打成一片"。但从大量的事实看，这种关系越往后，越有一个问题凸显，就是辅导员的工作开展起来越来越困难，甚至是有令不行，有禁不止。究其原因，在于辅导员把师生感情中的利益需求人为地淡化了，使得师生感情严重缺"钙"，得了"软骨病"。

我们可以从家庭关系中得到一点启发：子女在家里就算有些过分，父母也拿他们没有办法。因为什么？因为父母无法抛弃他们，在父母与子女的冲突中，一般都是以父母"投降"结束的。这种心理定式，往往会辐射到师生关系上来：如果辅导员不能较好地处理感情与利益的关系，就容易让学生在心理上复制出家庭关系的记忆，生出"咱们关系都这么好了，辅导员不会拿我们怎么样"的想法。

我们讲师生之间要有感情，不是讲无原则的江湖义气，也不是讲可以随心所欲的家庭亲情，而是师生之间一刻也不能离开的、以相互需求为主要内容的、具有高度社会化色彩的人际真情。因此，我们要让学生清楚，师生之情源于相互发展的需要，学生的成长离不开辅导员，辅导员的价值实现离不开学生。学生的需要表现为依赖与渴求自由的交织，所以，他们既希望从辅导员那里得到更多的呵护，也希望得到应有的自由空间。辅导员的需要表现为以责任感为核心动力的无限奉献，所以，他们希望学生能够少惹事，多听话，快成长。师生之间的情感正是在这种相互需要的关系中潜滋暗长。

事实上，这种模式是大学生开始大学生活时最希望的，因为那个时候是他们深感寂寞的时候，心理渴求呵护和帮助的欲望十分强烈。辅导员采取亲近的姿态是顺势而为的好办法。但后来为什么会出问题呢？因为他们的成长需求随着对环境的熟悉开始渐渐地转变为渴求自由空间了。辅导员此时应适时放手，转而以关注和帮助他们抓好专业学习以及未来发展规划为主要内容。

那么，辅导员如何拿捏这种需求度呢？很简单，就是以需要满足的程度为探测计。一旦满足的程度不高，就要提出预警，要告诫自己注意言行的适时变化。这可以通过两种状态感知。

一是自然的状态变化。开学时，学生会经常打电话问这问那，掉根针都要来问你，没有事也会跟你打个招呼，这就是需求度很高的表现。经过一段时间的思考和沉淀，这样的需求就开始渐渐淡化了。因为他们渐渐长大了，给你打电话的次数也少了，甚至过年也想不起来给你一个问候。这种自然状态的变化，每个人在时间上和表现上都不同，需要辅导员认真体味，仔细拿捏。

二是学生的成长规律。从一个高中生向真正意义上的大学生的转变，还需要一个过渡期。当初走进大学的那种新鲜感会随着时间的推移渐渐淡化，特别是大一第一学期的期末考试成绩，会使很多人开始关注自己所在的大学和所学的专业以及未来的方向。辅导员要适时转变角色，从开始的亲人般情感领跑转向教育者的专业引导。

其间，辅导员的行为表现也要有所变化。从密集的宿舍走访，到每周可数的探访；从密集的个人交流，到小组式的座谈；从无所不及的过问，到有所不为的指导，诸如此类，要有一个慢慢放开的过程，从而使师生之间需要的质量和情感的质量都得到有效的提升。

我们之所以分析这种模式，是因为其比较有代表性。大部分辅导员在走上岗位时都会有高昂的热情和充沛的情感，在师生关系相处方面一般都会采取类似的做法。但是，不少辅导员担心，甚至一些辅导员已经遇到这样的困惑："当我们对学生很好时，学生往往不怕我们。跟学生距离太近，往往又会让自己威信扫地。"说到底是担心这种偏重师生之间情感交流的师生相处模式，在一定程度上降低了辅导员工作要求的执行力，降低了辅导员的威信，甚至影响了辅导员的尊严。因此，一些辅导员采用反其道而行之的做法。他们不是把情感放在第一位，而是一开始就给学生一个下马威。比如，严肃地宣布一系列纪律要求，平时和学生交往不苟言笑，要求学生上晚自习，严格控制学生的正常诉求，等等。他们想通过这样的做法，把学生想自由自在地成长的想法给打消，不仅减少了自己的工作量，还使自己很有威信和尊严。事实上，这种做法违背了学生思想发展的规律，迟早会有一系列的反弹，甚至以无法控制的局面让辅导员难堪。

我们支持偏重于师生情感交流的师生相处模式。因为我们相信，威信不是靠严肃的表情和严格的要求确立的，而是靠学生发自内心的敬畏产生的。严肃和严格不会产生敬畏，只会产生畏惧。尊严不是靠板着面孔不苟言笑表达的，而是靠自己的实力和亲和力在学生的心目中确立的。古人云，得人心者得天下。而治理班级，带好学生，又何尝不是如此呢？只有尊重学生的成长规律，满足学生的基本诉求，才可能赢得学生的心。

有辅导员会说："说了这么多，到底怎么做最简单？有没有一种办法，可以让我们很容易拿捏师生之间的关系呢？"

试一试下列方法，或许管用：

（1）始终面带微笑，让自信和阳光的表情为自己护体；

（2）与学生在一起，举止得体而公平，别让一些学生高兴，而另一些学生心酸；

（3）不轻易讲话，说出来的话一定要经过仔细的思考，切记不要给自己"挖坑"；

（4）行为示范可能比语言要求更有号召力。

第四篇

日常管理方略

一般而言,高校辅导员的班级管理工作有广义和狭义两个层面的内容。狭义的班级管理就是指那些确定性很强的,全国高校都存在的内容。比如班级学生干部管理、班级活动管理、学生资助管理等,是每一个高校的班级管理中都存在的内容,都需要辅导员花费一定的心思。广义的班级管理不仅包括这些确定性的内容,还包括学生日常的事务管理。这类管理的内容有很强的不确定性,几乎囊括学生生活所能涉及的方方面面,且校际的地域性差异、专业类型差异明显。比如,理科学生的学习管理与艺体类学生的学习管理就几乎完全不同。

　　狭义的班级管理工作,因其内容的确定性程度很高,在某种程度上可以通过一定的学习和实践实现规范化操作。比如参加各种类型的培训,辅导员都可以做到基本合格。即使不是思想政治教育科班出身,通过一段时间的努力,也能把这些工作做到符合标准要求。这也是很多非思想政治教育专业的毕业生敢于涉及辅导员工作岗位的内在原因。

　　广义的班级管理所涉及的日常事务管理,却不是非专业的人员可以随意掌握的。我们甚至可以说,日常事务管理的质量是判断一个辅导员能力和素质是否合格的基本标准,因为它所涉及的工作内容对辅导员的基本素质要求是一般专业所不具备的。我们之所以这样说,是因为日常事务管理所涉及的面很广。但再广,也是万变不离其宗,其宗何在?当然在人的思想。众所周知,思想是行为的先导。所以,辅导员的日常事务管理,从学生的思想引导入手,一般都能找到解决问题的办法。开好班会,讲清纪律,答疑解惑,谈心谈话,都是通过不同的形式,试图从思想认识上提高学生自我管理能力,促进学生尽快独立健康成长的有益举措。

辅导员如何开好新生班会

召开新生班会，是辅导员第一次正式以老师的身份在学生面前庄严亮相，辅导员无一例外十分重视这次关乎自己形象的会议，此乃人之常情。正是因为重要，所以，很多辅导员感到压力很大，不知道该从何处做起，生怕有个闪失。其实没必要那么紧张，本文提出个人的一孔之见，希望能缓解新入职辅导员的紧张情绪。

我先用提问的方式来启发大家思考这个问题吧：开班会干什么？

就为了亮相吗？应该不是，几乎天天见面，不必这么麻烦。那是因为有事情要安排？安排什么事情？是全体都要做，还是个别人要做？如果是个别人要做，其他人不就只是听众吗？或者这样问：如果是安排一部分人的事情，何必要那么多听众陪同？有事情做的人，一来就被老师看中，当然很高兴，而那些没有事情做的人会怎么想？因此，如果是要安排一部分人做事情而开大会，可能必要性并不高。要是所涉及的事情关系到所有同学，大会不可避免。既然是有大事要安排，只要辅导员能够将要做的事情有步骤地安排好，落实到人，抓住重要环节，基本不会有什么大的问题。要是为了强调纪律、提出要求、分享成果，或别的什么内容，需要通过一次班会来达到目的呢？

开头说这么多，就是要提醒大家，给新生开班会虽然是挺重要的事，但不用紧张。首先要搞清楚，开班会的目的是什么。如果仅仅是一个工作程序，就是为了开一次走过场的形式班会，我觉得，可以选择不开。在我看来，召开学生班会，包括新生班会，要遵守三个基本原则。

第一，不解决问题不开会。在整个辅导员工作过程中，开会是很普通的一项工作，但是，如何把会开好，却十分讲究。其讲究的关键点就在于，班会务必要以解决问题为要。如果不是为了解决某个重大问题，一般不要开会，特别是大班会。不要以为自己的教育对他们都有意义，当他们认为你的教育对他们没用的时候，任何一个字都是多余的。我们都是从学生过来的，对于大班会的感觉应该记忆犹新。

因此，这个原则要求我们，要开会就要先问问自己，这个会议主要解决什么问题。新生第一次班会，看起来要解决的问题很多，其实不是这样。我们可以拿一张纸出来，将所有的事情一件件写下来，然后用打钩的形式逐条排查，看看有哪些内容是必须在大班会上说的，可能很多事都只要跟涉及的人说就可以了。有些事涉及面不大，把相关人员喊到一起，集中解决，尽量不要有陪坐的听众。

经过梳理，我们会发现，新生第一次班会，以下几点需要重点强调。

一是遵守纪律问题。新生刚来，带有很多家庭和高中的生活习惯，之前因为全身心迎接高考，对于"纪律"可能已经很陌生了。我要提醒辅导员的是，结合学校的校纪校规讲遵守纪律，要从纪律是保护学生的实际利益这个角度来讲，而不要把纪律讲成约束学生自由健康成长的桎梏。

二是安全问题。生命财产安全问题是大学新生常常会遇到的，他们有的在上大学之前没有学会生活自理，财产安全意识不强，需要格外强调：要防止偷盗、遗失和诈骗。会上要提醒新生：不要在陌生的地方闲逛，不要和陌生人一起共事，等等。

三是思想教育。几乎所有的辅导员在看到自己的学生时都有一定要保护好他们的想法，这是十分可贵的。因此，辅导员都想对他们进行一大堆思想教育，想要告诫他们该如何如何。我的建议是：思想教育非一日之功，得慢慢来。新生刚到校，对一切都十分好奇，你跟他们说这些内容，他们根本就听不进去。苦口婆心，语重心长，换来一个无所谓的态度，只会伤了自己。所以，要耐着性子，不要竹筒倒豆子，一下子就想倒完。我建议不说或少说，具体要符合客观实际。因此，思想教育要做，但要做得恰到好处。

第二，不调查研究不开会。既然开会要解决问题，就要提出问题和分析问题。如何提出问题？为什么会提出这个问题？为什么要进行这样的分析？如果没有调查，就只能靠主观臆断，或者道听途说。比如，有些辅导员提出要注意安全,一般会这么说:"同学们,大家刚到这个陌生的城市,一定要注意安全,不要出现被骗和被盗的事情。前年我们学校就发生过这样的事情,大家一定要引以为戒。"我们仔细地分析一下这段发言,就会发现作用不大。同学们会想:人家掉东西,我才不会掉呢。安全?我长这么大不是好好的吗?我都是大学生了,这个年轻的辅导员怎么还像妈妈一样啰唆,说这么小儿科的事情?这些心理反应会立即消解辅导员的良苦用心。与其这样,还不如不说。要说,就一定要有调查。走进学生中间,你就会发现很多细节,危险隐患随处可见,能给自己讲安全问题提供鲜活的素材,这样来讲,就提升了教育的作用。

调查的方法很多,主要可以采取三点:一是看。辅导员要善于观察,在学生军训期间以及平时,要善于用自己的眼睛捕捉有益于教育管理的信息。按照学校的要求,军训期间辅导员一般都是全程陪同的,这是一个认真观察的大好时机。二是问。用轻松愉快的口吻,用讨论的语气,都可以问到很多有益的信息。不要板着面孔问,那样做会让回答的人十分谨慎,甚至不知道该怎么回答才好。三是谈。到学生宿舍去,或者请几个学生到某个轻松的环境中,或者看到一群自己的学生在一起,就主动走到他们中间去,和他们谈一会儿。这样的谈话一般以关怀他们为切入口,而不要单刀直入,直奔主题,要善于引导大家,逐步围绕自己关注的话题进行讨论。

当然,还有一种非常简单的调查方式,就是发放各种纸质版、电子版的调查表,可以快速收集自己想要的信息。但分析这些信息还是要下一番功夫的。从留下痕迹,作为研究材料的角度看,纸质版的调查表可能更有价值。这里需要注意的是,要设计好调查表,不能太随意,既要方便回答,也要方便整理。

第三,不做好准备不开会。一般来说,辅导员走进会场,手里拿着各种文件,都是有准备的。但我说的还不只是这种准备,还应该有以下一些内容。

一是情绪的准备。开会就像上课,既是布置工作,也是教育过程。因此,辅导员开会前,就要像上课前一样,要情绪饱满,要和自己准备讲的内容相吻合。如果这是一次十分严肃的会议,就要有严肃的表情。新生第一次大会,应该是十分愉快的,因此,从内容到形式都应该是温暖如春的。辅导员不要一脸疲惫、一脸焦虑、一脸不高兴的样子走进会场,以此来渲染"这次新生大会,我准备得好辛苦"的感觉。

二是内容的准备。这次会议要解决哪些问题,有哪些程序,要有先后、有重点地准备好。这又跟上课不同,上课有自身的逻辑顺序,先说什么,后说什么,重点如何展开,自有讲究。班级开大会重点要先讲,次重点要强调,一般问题要提到。从教育的角度来说,重点不能只从不同的角度来强调它的重要性,而是要从不同的角度来论证它的重要性。比如,我们讲安全很重要,不能只说这是学校的要求,所以重要,还要从学生自身的需要、学生家长的期盼、社会的人才培养这样的角度来加以说明,要说得情真意切,才显得语重心长,简单地强调管理的需要,效果是很差的。

三是时间的准备。在没有管理部门约束的情况下,一定要选择一个与会议内容相吻合的时间,一般不要选择在学生休息的时间开会,那样会影响他们的情绪,也会影响会议的效果。开多长时间要有估计,不要让人板凳还没坐热,会议就结束了。这样的会几次一开,会议效果就会因为学生烦而消解得一无所有。有的辅导员可能不会说那么长时间,还有的辅导员可能会一开口就停不下来,这都要进行规范。一个大会,再重要也不要超过一个半小时。

因此,为了开好新生大学阶段的第一次大班会,建议最好先写好稿子,至少要有一个详细的提纲。从工作和研究的角度看,稿子越全越好。按照正常速度,五分钟一千字。如果辅导员一个人说,六七千字的篇幅,就可以考虑开一个有模有样的会议了。

新生纪律该怎么讲

辅导员为了做好工作,一般都会跟学生强调纪律。从小学到高中,好像从没有离开过纪律,学生都已经习惯了老师的唠叨,所以也没有谁特别在意辅导员都讲了些什么。因此,辅导员会发现无论怎么强调纪律,学生依然会随心所欲地不把纪律当回事,包括自己根据本校的实际情况凝练出来的一些规定和注意事项,这常常令辅导员心里很不是滋味。

问题在哪里?

不理解纪律,是导致辅导员班级管理劳而无功的原因之一。

有的辅导员以为纪律是用来帮助老师约束学生的。这其实是一个误区,纪律其实是用来保护学生利益的。有句话说得好:"要把权力放进制度的笼子里。"这句话可以帮助我们认识纪律与我们的关系。纪律就仿佛是"制度",而学生和老师的行为权利就仿佛是"权力",只有将这些权力放进纪律这个制度的笼子里,才可能保证所有人的行为能够做到"随心所欲不逾矩"。看起来笼子是约束了人们的行为,而从另一面看,也保护了人们的利益。如果没有这个笼子的保护,利益其实是一句空话。

有的辅导员把纪律当成工具,当成管理学生的手段,但没有想到纪律同样是自己需要遵守的行为规范。所以,他们会经常强调纪律,严格要求学生去遵守,谁违反了纪律或规定,就要去找谁麻烦。在这里,辅导员和学生是对立的。同样,社会上也有那些口口声声强调要别人遵守法律,而自己可能走进了监狱的人。只有学生和辅导员一起遵守纪律,纪律的效率才可能提高。当我们成为学生群体的领路人,我们就自然地和学生组成了命运共同体。只有在同一个纪律的"笼子"里,我们才可能获得行动的真正自由。

不会讲纪律,是辅导员班级管理劳而无功的另一个原因。

有的辅导员认为讲纪律是严肃的事情,必须用严肃的态度来讲,结果整个讲纪律的会议就像是批斗会,可笑的是被批评的人可能还不在现场。这种没有针对性的关于纪律的会议最好不开。开了,不仅没有效果,可能还会有反作用。

因此,我们建议辅导员在讲纪律时,可以这样来讲。

第一,选着讲。就是有针对性地讲,一是选准要讲的内容,二是选对要针对的人,三是选好要讲的方法。每个学校都有学生工作手册或者相关的书籍,将学校所有的纪律要求统编在一起。如果辅导员不选准内容,就容易导致泛泛而谈,毫无效果。比如国庆假期过后,学校一般会强调学生不能无故旷课,不允许迟到,等等。这个时候讲纪律,就要选准针对假期后有哪些具体要求的内容,要针对那些有意或无意违纪的同学有重点地讲,如果是个别人,就单独讲。而在班级里,就可以选择不讲纪律,而是表扬,表扬那些遵守纪律的人,这样对不遵守纪律的人有较好的榜样示范效应。

第二,软着讲。用说理的方式讲纪律,而不是用结论式宣读法讲纪律,我们把这种方法叫"软和"的方法。一些辅导员在讲纪律时,带着学生一起学习文件,这是最笨拙的讲法。没有几个学生会认真听,听了也记不住。还要杜绝那种就一句话,十分干脆的纪律宣讲。听起来好像斩钉截铁、掷地有声,可如果后面执行不力,这样的宣讲就会成为学生的笑柄。因此,我们认为,对于新生,最好的方法是说理式讲纪律,把道理说清楚了,学生的接受度自然会提高。还拿国庆假期为例,这个时候讲纪律,就要告诉学生,学校出于爱护学生的目的,专门会在每一个假期之后抓一次纪律整肃,目的在于提醒同学们应及时从假期模式转入学习模式。这种管理方式是学风和校风建设必不可少的内容。要让学生知道,遵守纪律不仅是个人优良品质的表现,也是对他人的尊重,更是对共同体利益的积极维护。

第三,看着讲。就是针对那些自觉性比较差、自控力比较弱的学生,有意识地加以引导。现在有些大学生,尤其是新生,在行为举止方面存在不当之处。辅导员有义务、有责任纠正他们。纪律有助于引导学生正确的行为方式。因此,辅导员在讲纪律时要做到点面结合。点的方面,是指那些不提醒就可能违纪的同学。跟这些同学讲纪律,不要求时时讲,天天讲,但要适时地讲。辅导员需要牵挂他们,要像对自己的弟弟妹妹一样照看他们,直到他们长大。面的方面,一方面是通过班级的专题会议,有针对性地讲纪律;另一方面,通过点的进步,也会对面有良好的辐射效应。当然,强调新生的纪律,开始时可能还不能用这个方法,因为一来大学就被看着,容易引起学生误解。

困难大学生的判定散论

如何判定学生有困难,成为辅导员工作中一个不可忽视的问题。判定对了,其益处自不必说;错了,其负面效应难以预料。因此,我们有必要加以讨论。

一、经验判断

经验判断是一个人在生活实践中自然形成的行为能力,在生活和工作的各个方面都会体现出来。其好处在于判断出自个体本身,可信度高,且容易操作,容易学习和运用。但弊端也很明显:因为对象的差异往往不够精确。那种单纯靠经验进行判断的做法被称为经验主义,其实就是批判这种经验性的操作可能产生的负面效应。对于一个新生辅导员来说,通过经验判断困难学生,在还无法深入了解学生的初始阶段,是具有一定价值的。我们判断一个人的经济状况,一般有一些可以捕捉的信息作为依据。

看吃的。一看吃零食。有的大学生喜欢吃零食,把零食作为自己生活中重要的副食品。但有两种人并不如此,一种是不喜欢吃零食的人,还有一种是没有足够的钱去买零食的人。二看吃正餐。正常到食堂吃饭,也不怎么吃零食的,考虑可能是困难学生。有钱的学生会在校外吃各种小吃或者点外卖。

看穿的。新生开学,那些穿着新买的衣服来报到的,考虑可能是困难学生。不缺衣服穿的学生,一般无所谓哪天穿新衣服,他们在乎的是适合自己的款式,干净就可以了。再看衣服的款式,不怎么和谐的,考虑可能是困难学生。

看用的。看手机是什么品牌,有没有电脑,箱包用的是什么,诸如此类。因此,要一看新旧程度,二看品牌,三问从何而来。凡是自己家买的,不考虑;亲戚买的,可以进入考虑范围。

二、数字判断

数字判断接近理性判断,比较有说服力。弊端在于数字获取的渠道不知是否可信。比如,有学校发放调查表,让学生填报家庭收入,这个数据可信度不高,因为有的学生并不清楚家庭收入。因此,数字判断的关键点在真实性。

一是父母的数字。单亲家庭,正常职工一般应考虑是困难家庭。在一些学生的档案里还可能出现祖辈的相关信息,看看他的祖辈收入状况也很有价值。有退休金和没有退休金,原来有职业和没有职业,祖辈的这些状况反映的是对父母辈的依赖或帮助情况,对于判断学生是否困难很有价值。

二是家庭收入的数字。这个数字,学生一般不太了解。这就要看父母从事的职业,然后有个估算。双职工家庭一般不考虑,单职工家庭可以考虑;事业单位职工家庭可以不考虑,普通工人家庭可以考虑;城市户口家庭有稳定经济来源的可以不考虑,没有稳定经济来源的应当考虑;农村户口没有外出打工人员,单纯靠农业收入的可以考虑,贫困地区的学生更应关注家庭收入来源。

三是学生个人的生活费数字。这个数字也可能失真,可以通过学生家长的渠道求证,还可以通过与学生的交流了解真实情况。在开学后不久,辅导员应经常到学生宿舍中走一走,看看他们的日常用品,就可以大致判断学生给自己的生活费用数据是否真实了。当然,后面还可以看看学生是否出去打工挣钱,有的学生是为了挣生活费,有的是为了锻炼自己,应具体问题具体分析。

三、证明判断

作为一种凭证,书面证明材料可以作为证明学生困难的现实依据,这可以大大减轻辅导员工作的难度。在学生的录取通知里一般会有相关政策的说明,有些学生是可以获得证明材料的,但也有一些学生可能会因为种种原因没能在入学时获得有效证明材料。作为一项工作，只能用事实说话，如果没有证明，辅导员这时候是爱莫能助的。不想让一个真正困难的学生失去资助机会的良好心愿并不能替代客观事实。但要坚信，这样的事情毕竟是少数，不能因此影响自己对困难学生的整体判断。

有一种证明是最真实的，就是学生来校后的表现。前面说到的看吃、穿、用，就是一种证明。此外，还有一项内容，就是学生在交学费时的表现。有的学生可能因为家里困难，一早就提出助学贷款的要求，这些学生应引起关注。

可能还会有一些其他的材料来证明学生困难，这就要根据学校的相关规定按章办事，辅导员一般不能自作主张。但是，在整个资助过程中，会有一个指标要求，在不同的集体中，困难学生认定的数量是不同的。辅导员可以根据自己掌握的情况，对学生进行逐一排查，谨慎认定，并且在适当的时候，将整个认定的过程和相关材料公示。在认真权衡以后，力求做到公平、公正、公开，切实为今后的班级管理营造良好的氛围。

在这项工作中，辅导员要摆正心态，有的学生想方设法希望自己获得资助，甚至有人说："有钱不用白不用，干吗不申请？"我们的任务是，力求让应该获得资助的人获得必要的帮助。一般来说，辅导员在认定贫困生的过程中需要做大量的工作，费心费力。但要把这件事情办好，这样做还不够，因为这还只是辅导员自己的认定，还需要所有同学的认同。因此，一般而言，还需要与这项工作相配套，在班级专门举办一次关于贫困生的主题班会。

大学生宿舍矛盾的预警与应对

俗话说,牙齿还有咬舌头的时候。何况一个宿舍住着几个有个性的小大人,怎么可能没有矛盾?尤其是大学新生宿舍的矛盾,该如何预警和应对?

确实,这对于新生辅导员来说是一个比较困难的问题。因为学生进校后在哪间宿舍住,基本上都是随机分配的,没有什么特别好的办法,只能指望大家相互之间能够多一点谦让,少一点计较,逐步磨合以达到完美统一。以前是十个八个学生一起住,有些矛盾,相互拉一拉扯一扯就摆平了,一般都不会闹到辅导员那里。但是现在,基本上都是四至六个学生一个宿舍,发生矛盾,有时连拉架的人都没有。独生子女的一代,在家都是宝贝,很少和别人一起住,缺少谦让别人的习惯和经验。稍有矛盾和冲突,就可能发生一场不可调和的"战争"。因此,关于如何预警和应对学生宿舍矛盾的相关讨论对辅导员工作有一定参考价值。

前面我们提到,辅导员应抓住军训的大好时机观察和了解学生。这就要求辅导员注意,哪些学生可能会在宿舍和别人产生矛盾。比如,一些性格内向的同学,他们可能会因为不善于与人交往而容易和别人发生一些小摩擦,辅导员应对这些性格内向的同学有心理准备。一些可能有心理问题的同学也应引起辅导员的注意。有的学校会在学生进校时进行一些心理测试,会提前给辅导员提供这些学生的名单。但一般情况下,那些并不太重的心理问题可能并不会引起关注。这就要求辅导员要有这方面的知识和能力去鉴别。

关于宿舍矛盾的预警,我们还建议辅导员注意观察学生的两个方面表现,以帮助自己判断学生是否会在宿舍生活中和别人产生矛盾。

一是看他们的表情。那些表情单一、僵化,没有笑容,甚至有些忧郁的同学,要找到是什么原因使他们的表情变得这么没有朝气。表情是内心的反映,眼睛是心灵的窗户,这些都是大家熟悉的。这些表情可能是他们内心不愉快的信号,内心不愉快就可能导致同学之间不愉快。家庭原因,如贫困、单亲等;现实原因,如想家、疲劳等,都是诱因。家庭原因可以通过查看档案了解,现实原因可以通过交流了解。因此,要主动关怀他们,问他们在宿舍过得是否适应,有没有困难,是否需要帮助。

二是看他们的动作。认真注意观察,我们就会发现有些同学的动作不够协调,如同手同脚,或走路摇晃,或抬不起腿,或拖沓懒散,这些不协调看起来只是小事,但其反映的信息可能并不简单。你会逐步发现,这些动作不够协调者,可能在说话和做事方面都或多或少地存在一些不够协调的内容。拖沓懒散的同学可能就有做事不利索、懒散和随便的特点。要知道人的言行举止直接关涉人际交往的质量,因此,对这些同学的注意,可能有助于辅导员做出相对准确的判断,以提前防范学生宿舍可能产生的矛盾。

有了相应的预警,对于新生辅导员来说,学生宿舍管理工作可能比较容易抓住重点。但是,重点并不是全局,只有点面结合,才能把握全局,有效防范不应有的事件发生。以下三条建议,是从整个宿舍管理工作的层面上考虑的,或可提供参考。

第一,做一个小的调研,把一些可能产生的小摩擦消于无形。比如,调查同学是否打呼噜,是否有神经衰弱、入睡困难,是否有磨牙、说梦话的小毛病,是否喜欢熬夜,是否喜欢早睡早起,等等。把有类似习惯的同学安排在一起住,容易达成和谐的生活氛围。当然,这种类似习惯需要学生住了一段时间以后才知道。因此,这个调研可以在军训以后开展,时机也很成熟。辅导员可以告诉同学们,经过一段时间的磨合,相信大家对彼此的生活习惯都大致有了一些了解,现在,考虑到同学们生活方面可能有一些不方便或不适应,做一个小的调查,目的在于为大家创造一个和谐的生活氛围。这个调查可以分为两个部分。第一部分,通过实地走访,到学生宿舍去看看,与学生当面聊一聊,听听他们之中有没有同学因为一些小的习惯而有些不愉快。

如果问题不大，可以到此为止，在班会上找一个机会表扬大家，对同学们相互之间的包容和团结给予应有的肯定。如果问题较大，那就要进入第二部分，要考虑在宿舍之间做一些微调。这一部分最好先做一个纸质的调查，调查的项目不要多，要充分体现同学们反映的内容，最后一个问题一定是"你是否愿意调整自己的床位？"调查的目的有三：一是作为一种态度，告诉同学们，辅导员对大家的生活氛围是关注的；二是为了宿舍微调做准备，比如，哪些人打呼噜，不调查一下，单靠听说就不会全面；三是根据最后一个问题的回答，尊重学生的意见。当然，如果能够通过简单的交流，动员个别同学自动调整，是为上策。

第二，召开一次与宿舍管理相关的会议。别以为这是一件多余的事情，无形的矛盾或许会在你不经意的时候，让你为班级管理所做的一切化为乌有。因此，在军训结束后一个月左右的时间内，专门为同学们的宿舍管理召开一次班会是值得的。这个班会的主题就是讲宿舍团结对于大学生成长成才的价值。

就宿舍管理工作而言，要根据调查的结果做适当的安排。如果需要做必要的微调，就在会上统一部署。如果不需要调整，一定要高度赞扬大家能够包容、愿意相互适应的优良品行。这种表扬不要觉得多余，学生会珍惜这个荣誉，努力维护良好的和谐氛围。就班会主题而言，应该强调以下一些内容，以作为辅导员对大学新生人际交往的最初引导。

宿舍生活的规律，只有包容才能和谐。人人都会有些小毛病，但相互宽容一些，不仅是个人品质优良的表现，也是遵循客观规律的体现。

宿舍生活是一个人走进社会之前的重要准备。任何人都要学会与不同的人相处，与人相处，要学会欣赏，而不要根据个人的喜好给别人画圈子。人人都有优点，学会欣赏别人，是一个人善于为自己营造良好生活环境的基本能力。

宿舍是一个人走进未来的情感"根据地"。人人都需要友谊，中学时代的友谊因为情感的单纯而显得珍贵，大学时代的友谊更由于其饱含理性的选择而尤为难得。因此,这个"根据地"将是一个人未来人生道路中能够陪伴自己共同经历风雨的情感后援。从另一面说,一个人如果连身边的人都不能团结,那么他还能够团结谁呢?不善于团结人不可怕,可怕的是不愿意团结人。

第三,开展一组有意义的活动。人们的相互认识和了解是在具体的实践中逐步展开的。单纯地靠听说,很难表现出一个人的品性。就像两个恋人,在一起耳鬓厮磨的时候很好,一遇到事情,可能就会暴露出各种问题。不经过实践检验的个性是不会被发现的,从教育的角度来说,也不利于成长。因此,辅导员在军训之后应适时地开展一些宿舍之间的友谊赛事,不仅对于同学之间的友好相处价值颇丰,而且对于检测学生的个性品质也有一定意义。

活动的组织不要形式化,尤其不要为了活动而活动,简单的一次活动效果不会有多大,最好是用一个主题把一组相互联系的活动串联起来,让大家有期待,都有机会表现。比如,四个人的宿舍,就可以考虑先后组织四次活动,让每个人都有一次组织活动的机会。六个人的宿舍,如果担心人多,就可以考虑两个人一组,先后开展三次活动。具体活动可以根据大家共同的兴趣来安排。比如,喜欢打牌的在一起比赛打牌,喜欢玩游戏的在一起比赛玩游戏,喜欢下棋的在一起比赛下棋。还可以利用节日开展一些比较喜庆的活动,比如寝室游园会,让学生自己设计游园的项目内容,让大家可以开心地交流。很多辅导员会开展寝室设计比赛,这不失为一种好的活动形式,让学生在共同设计的过程中有家的归属感。但是这种活动对于女生来说更好些,对于男生可能运动型的活动更能使他们找到家的归属感,辅导员应注意这种区别。

作为活动,一般在最后都要安排一个总结,要引导学生在活动中学会总结自己的收获。比如,打牌看似是简单的娱乐活动,其实非常讲究合作,讲究判断与谋划;游戏有益于开智,但容易沉溺其中,大学生应学会把控自己的游戏意识,不能放纵;游园活动益于愉悦身心,体现合作与青春的气息,越是因地制宜、因陋就简的设计越应成为优秀的作品；等等。以此引导学生尽快融入新的学习生活，用欣赏的心态与人交往，发现他人的优点和长处，用积极的心态参加活动，共同营造良好的生活环境。

辅导员谈心谈话工作艺术散论

在辅导员职业技能大赛中,有一个重要的项目是"谈心谈话"。"谈心谈话"是由专家提出主题,设置情境,辅导员根据题目的引导和要求,与扮演主题人物的同学一起,在台上进行一次谈心谈话的展示。评委根据辅导员的现场表现情况给出自己的评判。作为比赛项目,"谈心谈话"主要考查辅导员对主题的把握能力、临场应变能力,以及由此反映出来的辅导员的相关专业技术水平,如表达能力、引导能力、教育能力、专业知识储备、相关知识积累等。从整个比赛看,谈心谈话能作为辅导员职业技能大赛的一个重要项目,是因为其在辅导员的工作中占有相当重要的地位。

一、对谈心谈话的一般认识

谈心谈话事实上是两个活动。谈心一般用于两个人或多个人在一起,通过平等交流的方式,就各自的问题或事务深入交换意见,以达到相互帮助、增进友谊的目的。谈心的前提是交流的双方相互了解、相互信任。谈话一般是以某个人为主导,与另一个人或多个人在比较正式的场合,就某个主题发表意见的交流方式。就平等性而言,谈心一般是交流者以平等的心态进行的思想互换过程;而谈话则是交流的一方以解决某个问题为主要目的发起和组织的正式的工作方式,交流双方的平等性较弱。比如,领导约谈,就是上一级领导以正式谈话的形式警告被约谈者警醒自己的行为。如果辅导员找某个同学谈话,一般也是辅导员在办公室用正式谈话的形式提醒这个同学应注意某些问题可能对自己产生的不良影响。由于辅导员与学生的交流是多角度、多层次、多方式的,既可能是相互间的谈心,也可能是带有警醒性质的谈话,所以,一般把两个活动放在一起叫"谈心谈话",其实它们是在方式和内容上有交叉的两项活动。

为了讨论的方便，我们可以对谈心谈话进行一般的分类。一是就内容来说，有主题式和非主题式两类，主题式谈心谈话类似主题班会，非主题式谈心谈话类似一般的随机交流；二是就形式而言，有个别的、集体的、随机的、专门的四类形式；三是就目标来看，主要有以教育引导为目的的谈心谈话、以调查为目的的谈心谈话、以解决某种问题为目的的谈心谈话三类。

通过以上分类，我们大致可以知道谈心谈话对于辅导员工作的基本作用。一是通过谈心谈话发现可能存在的问题，了解学生的现实生活和学习状况；二是通过谈心谈话分析和解决可能存在的问题，这种平等友好的交流方式，十分有利于解决学生学习生活中的一些问题，如因误解而发生的寝室矛盾、同学交往矛盾、普通同学和学生干部的矛盾。一些班级工作的早期动员、辅导员班级管理理念的宣传等也可以通过谈心谈话来开展。

至此，我们不难发现，谈心谈话以其特有的方式方法成为高校辅导员在工作中发现问题、分析问题、解决问题的优选方式和有效途径。不少辅导员总是感觉自己常常处于"突击队员"的状态，"按下葫芦冒起瓢"，总是在不断地处理学生生活和学习中发生的各类问题，应接不暇。究其根源，往往与没有用好谈心谈话这个工作方法有关。这个方法既可以用在问题发生的开始，防患于未然；也可以用在问题发生的过程中，减少问题可能带来的不良影响；还可以作为处理问题的重要方法。

有两种常见的做法应引起辅导员注意。有些辅导员因工作忙碌而没有时间通过谈心谈话了解学生情况，便有意识地在学生中安排"信息员"，要求其随时向自己汇报同学的情况，却往往由于信息失真而使解决问题的途径狭窄或受阻，结果往往是既让"信息员"处境尴尬，又让师生之间误会更深，得不偿失。也有一些辅导员考虑到安排"信息员"不合适，便亲自"披挂上阵"，一有时间就在学生身边转来转去，比如上课时站在教室的窗户边观察，平时和学生交流常常有意问起关于某些同学的情况。这种做法的好处是让辅导员"放心"了，学生的情况大多"尽在掌握"，却忘了这种做法是早在中学时代，学生就非常熟悉且嗤之以鼻的被誉为"警察型""保姆型"班主任常用的做法。这种做法的坏处是让学生感觉回答了就是"背叛"同学，不回答又无法面对辅导员,结果是一看到辅导员就有想逃的感觉。

　　一些学校要求辅导员不定期到学生宿舍去查寝,甚至把每个月辅导员到学生宿舍的情况作为考核辅导员的重要依据。这种做法的合理性在于,要求辅导员走进学生群体,主动与他们交流,通过交流式的谈心谈话来发现问题、分析问题和解决问题,以达到察其未发、导其已发、防其复发的目的,而不能简单地将其理解为是学校对辅导员进行的工作监督。

二、辅导员要掌握谈心谈话的三套功夫

　　谈心谈话是辅导员做好班级日常管理工作的有效方法。可以说,能够较好地运用谈心谈话的辅导员,其班级管理工作基本上是通畅的,师生关系也一定大致良好。但是,谈心谈话要有相适应的方式才能达到好的效果。因此,我们认为,辅导员要做好谈心谈话工作,要练好能说、善听、会看三套功夫。为了更清楚地表明观点,我们以辅导员与大学生谈爱情问题为例展现这三套功夫的作用。

　　第一,辅导员的"能说",就是要求辅导员善于表达,既能够将自己想和学生交流的内容说出来,又能够将想了解的学生问题激发出来,让学生也参与说;既要自己讲,也要让学生讲,不能唱"独角戏"。只会唱独角戏的谈心谈话是失败的,无效的,甚至是负面的。就拿爱情问题来说,辅导员可以在宿舍里和一群学生谈这个问题,也可以与某个有恋爱问题的学生单独交流。交流时,辅导员要善于提出问题,使现场的氛围轻松愉快。比如:①听说最近大家的卧谈会讨论爱情问题比较热烈,有没有什么好的成果拿出来让我们一起分享的? ②听说其他专业的同学最近对爱情问题很感兴趣,你们在座的有没有感兴趣的? ③我在大一的时候听同学们说,到大学一定要谈一场轰轰烈烈的恋爱,你们怎么看?这种提问式的开场,辅导员自己要有准备,因为提问有时候会让学生感到突然而无言以对,或不能及时回应而导致现场静默。所谓有准备,就是要对自己的谈心谈话活动有提前的准备,如果学生不能及时回应,就自己马上回答,以打破冷场的局面。如:①我认为卧谈会谈一些与爱情有关的话题,很符合我们大学生的年龄特征和现实心

理的一般需求。对异性有兴趣是正常的,不感兴趣才可能有问题。我觉得卧谈会的一个重要成果就是让个别人有想谈恋爱的冲动,你们赞成我的观点吗？②其他专业的同学有权利对爱情问题感兴趣,我们专业的同学也有这个权利。你们都有这么高的颜值,我想,一定有人感兴趣吧,可能是不好意思说出来。来,大家一起分享一下感兴趣的快乐嘛。③我在大一的时候也很懵懂,常常是只做听众,不敢说话,甚至觉得挺不好意思的。对于轰轰烈烈的爱情,更是感到不可捉摸,好像只有电影里才有。这种自问自答,既提出了问题,又基本表达了自己的态度:不管我是从哪里听来的,我们现在可以开始讨论这个和我们密切相关的话题了。我对爱情问题的态度是:大学生有权利讨论和思考爱情问题,甚至在可能的情况下可以付诸行动。这样就为接下来的讨论营造了较为宽松的氛围。

第二,辅导员的"善听",就是要求辅导员善于捕捉与学生交流过程中透露出来的有效信息。所谓有效信息,就是可以帮助辅导员正确判断和处理班级管理中发生的事件的信息。辅导员了解学生的途径有很多,总结起来有两条:一是显性的,就是可以通过看、听、问直接了解学生学习和生活中的信息;二是隐性的,就是需要通过某种间接的途径获得相关的信息。不管是显性的还是隐性的,谈心谈话都是可以广泛运用且十分便捷和常见的方式。辅导员既可以通过谈心谈话直接了解情况,也可以通过分析谈心谈话的内容,发现背后隐藏的信息。比如,某个同学有没有谈恋爱这个信息,一般情况下是不太方便直接获得的。除非被辅导员亲眼看见,一般同学都不会直接汇报这个情况。至于为什么要保守这个秘密,原因有很多,在此不再赘述。一般来说,不知道问题并不大,但作为辅导员,了解要比不了解好。虽然多数同学能处理好相互之间的这种感情(尽管他们并不太有经验,但一般的道德自律还是有的),但不排除少数同学在处理感情问题时存在不当的现象,比如校外同居、意外怀孕、分手冲突、偏激殉情等情况的发生,很有可能产生较严重的后果及给班级管理工作造成不良影响。因此,适当了解有哪些同学在谈恋爱,恋爱的对象是谁,双方在处理感情问题时的基本状态等,有益于防范可能发生的意外情况。而所有这些信息都是需要通过辅导员在不同的场合与不同的对象交流中获得。比如,我们到学生宿舍查寝,王三同学自习后尚未回到宿舍,我们就可以问:王三怎么还没有回来?有同学可能就会说,这比较正常,他一般都会在十点后才回来;或者回答说,辅导员,有些事情不要了解得那么清楚哦;等等。这里就可能隐含着"王三已经恋爱了"的信息。为了进一步核实,辅导员应在另外的时间里,有意识地再和同学们交流,甚至可以和王三本人当面交流,以做到心中有数。

第三,辅导员的"会看",就是要求辅导员要善于观察,用自己的眼睛发现班级管理中存在的各种现象及可能发生的问题。辅导员要想知道自己所带学生的现实情况,就要经常亲临现场去看。比如学生活动现场中的赛场和运动场,学习现场中的教室和图书馆,生活现场中的宿舍和食堂,等等。辅导员要利用自己的碎片时间到这些现场用自己的眼睛看学生的各种表现,记下其中有价值的信息。比如,学生的学习状态可以通过到图书馆去看,有哪些学生在利用业余时间努力学习。恋爱状态可以通过在食堂用餐时间去转一转,看看哪些同学经常在一起结伴用餐,异性之间交往的空间距离、言行举止,都是有价值的信息,可以帮助自己比较准确地判断同学间的友情和爱情。学生的竞技状态、身体状态、交往状态、心理状态等都可以通过现场的观察做到心中有一本明白账。比如,在宿舍交流时可以通过观察学生的面部表情来揣测他们的心理健康信息:那些交流时不用眼睛看着对方、目光游移不定、说话较少的同学,比较可能有自卑的心态;表达自己对某个问题不理解且眉头微锁的同学,比较可能有焦虑的心态;在其他同学都开怀大笑时,却笑得不够放开的同学,比较可能有较为内向的个性;等等。人的言行举止大多反映人的内心状态,所以,会看的辅导员不需要多说话也能够获得对于班级管理十分有益的信息。

辅导员的能说、善听、会看三套功夫很多时候是同时工作的,我们一般把这类辅导员称作"有心"的辅导员。

三、辅导员谈心谈话应注意的几个问题

既然谈心谈话有"功夫",那就一定是"艺术"。确实,如果辅导员谈心谈

话不讲究艺术，就可能连自己谈不下去，让师生之间无话可说。这个艺术是三套功夫的有效运用，也包括在运用过程中应注意的一些细节。可以说，辅导员的谈心谈话工作有时就是"于细微处见精神"。

首先，师生交流时眼睛要看着对方，眼神要与表达的内容相吻合。在与人说话时，眼睛看着对方，既是对对方的尊重，也是交流时观察对方对自己的言论心理反应的好时机。说话时不看人，表达出的信息一般是否定的，如不喜欢、不屑、不赞同等，会导致交流立即停止。眼睛是心灵的窗户，对人对己都如此。所以，眼神能够反映出交流者对表达出来的或听到的信息的态度。当我们在倾听学生的表达时，辅导员的眼睛要"会说话"，要用眼神示意自己的态度，而不能毫无表情地看着对方。那样不仅会让学生感到尴尬，甚至紧张，也可能会让学生觉得自己说的话是多余的或错误的，会直接影响学生现场和今后在自己面前主动表达的积极性。

其次，谈心谈话时辅导员主要是倾听和引导。成功的师生交流是让学生多说话，尤其忌讳辅导员长篇大论。当学生说话时不要因为观点不同，或对学生表达的观点有所补充等，随意打断学生的积极表达。有些辅导员一有机会就说个不停，生怕失去表达自己观点的时机。这样做有益于学生了解自己是毋庸置疑的，但是，在谈心谈话过程中，辅导员过多的表达就会占用学生表达的时间，失去了解学生的机会。善于引导学生交流，将讨论的话题引向深入，既有广度又有深度，是一次成功的谈心谈话的基本要求。如果不善于引导，就只能让问题浮于表面，不深不透，没有效果。所以，在谈心谈话之前，辅导员一般要有一些基本的准备，有益于调节现场的进程及保证谈心谈话的质量。

再次，谈心谈话时辅导员要注意说出来的信息不能伤着某些同学。当学生还不了解我们的时候，一般会有一个基本的判断，就是辅导员和高中的班主任一样，都是来"管"我们的。这种先入为主的心态常常让辅导员难以逾越师生之间天然的心理屏障。因此，辅导员和学生的交流要格外注意语言的表达，传达出来的信息不能引发学生对号入座，或怀疑有人告密，或偏爱某个学生等的错误判断，从而意外地使学生心理或情感受伤。要避免这样的情况,需要辅导员在实践中经常地总结,比如交流之后要回头想一想,是不是有哪些话说得不够周到,交流前是否准备充分,提醒自己适当注意一些细节,等等。辅导员要努力在交流的实践中学会认识学生,引导学生,同时提升自己的交流水平。

大学生的学习困难与帮扶

当大学新生坐在教室里，期待着大学的第一节课的时候，心理是干净而清澈的。所有上过新生第一节课的老师一定都记得大学生那明澈的双眸里释放出来的期盼是多么令人感动。他们十分规矩地、安静地坐在座位上，第一次不再像高中那样按照老师指定的座位坐下来，而是跟自己刚认识的同宿舍的同学自由地坐在座位上。当老师走进教室，他们会在班长的口令下礼貌地站起来，用动人的"老师好"开启他们大学学习的第一课。遗憾的是，有的老师可能并不在意他们这么虔诚的状态，而是按照自己的"老经"开始自己的课程：既要让课程有一定的逻辑性，能够按时完成任务，又要表现出自己的学术水平。至于学生是否听得懂，那不是他们要考虑的问题。听不懂，正说明"我"有水平啊！学生也有自己的"一本经"：从小学到高中，很少有上课的时候会听不懂，即使听不懂，也会通过温习和补习很快解决。但是，这里是大学，老师上课的速度是超常规的，他们根据自己对知识的理解，或蜻蜓点水，一掠而过；或重点突出，深入浅出；或用案例教学，大量的故事背后一条条理论令人应接不暇；或课堂研讨，让人脑洞大开，头脑风暴般令人云里雾里，诸如此类，不一而足。更让学生难以适应的是，要在短短的时间里，接受不同教师的不同上课风格，还要在极短的时间里提前预习……于是，这些刚走进大学的学生，在整个大学期间会演绎出不同的学习困难状态。而事实就是这样让人不得不面对。

一般来说，学生到了大学，学习应该不是一件困难的事情。但是，由于中学学习方法和大学学习方法的重大差异，使大学生学习困难成为高校辅导员不得不面对且必须花时间和精力给予帮扶的重要工作之一，尤其在低年级，学生学习困难是较为普遍的现象。相比较而言，理科学生的学习问题要更多一些。

一、大学生学习困难的表现

习惯上，我们说学生学习困难一般指学生的学习成绩不好。尤其是在高中阶段，这种说法是人尽皆知且一致认同的。事实上，这种说法并不准确。学习成绩不好，是由于学习困难通过考试表现出来的结果，而不是困难本身。我们所说的学习困难是指学生在学习过程中遇到行为或心理障碍或受到挫折，使得学习活动不能正常进行的行为表现。

第一，上课跟不上老师的讲课速度，表现为听不懂。

这种"听不懂"有几种不同的表现状态。一是不知道老师讲的知识点在哪里，所以不懂。中学每节课的知识点都十分清晰，经过老师一说，一般很容易把握和认知。而大学每门课程都有自己独立的逻辑体系，教材中的知识点和老师教学的重难点常常是不一致的。每节课的重点是什么，如果老师不说清楚，稍不留神就难以把握。所以，学生常常搞不清老师讲的知识点在哪里，表现为"难以捉摸"的听不懂。

二是没有记下来，所以感觉不懂。中学课堂知识点有限，一般当堂就可以大致记忆下来，懂还是不懂，感觉十分清晰。但大学课程一般两节课连上，一次课程的内容基本不可能当堂消化，什么地方懂，什么地方不懂，并不十分清晰，必须通过课后复习笔记才能大致搞清楚。如果没有及时复习，就往往会呈现出"不知所云"的听不懂。

三是由于基础弱，确实听不懂。在同一个课堂里，同学们的基础是不同的。虽然考进了同一所大学，走进了同一个班级，但是，每个人的专业基础和学习能力是有差异的，甚至是有很大的差异。中学教师备课时，把备课的层次放在中间的位置，容易照顾到全体同学。大学教师的教学多根据学科本身的情况，将备课层次放在较高的位置，不管情况如何，都逼着学生往前跑。这种"连拉带拖"的学习状态，多呈现出"营养不良"的听不懂。

第二，课外不知道该干什么，表现为学习没有章法。

很多大学生反映，在高中的时候，他们的老师为了不让他们耽误学习，就和他们说，现在不要玩，抓紧复习，等考上大学，有的是时间玩。在很多学生的思想意识中存在着一幅大学"玩上天"的壮丽图景。可是一到大学,事实情况根本不是这样,甚至一些学校在大一时还强调要上晚自习,根本不是高中老师所说的那样有很多时间去自由自在地玩。令人啼笑皆非的是,大一学生虽然没有太多时间去实现玩的梦想,却也不知道课外时间该如何有价值地度过。一些大学生虽然去上晚自习,却不知道该干什么。有的专业晚自习时有老师辅导,但也需要主动问老师,老师才过来帮忙,如果不作声,就只有尽情发呆了。

高中阶段,大多是老师早早布置了作业,让学生在家里依然处于学习状态。作业的量各个学校不同,但一般都可以帮助学生比较丰富地度过课外时间。在大学里,各个专业一般也有作业,但并不像中学那么多。习惯了被老师安排作业的大学新生,如果老师不布置作业常常不知道该做什么。我们注意到,如果有作业,他们一般都会按时完成,依然保持了中学时期学习的良好状态。但没有作业的时候,大多数学生的学习是毫无章法的。我们可以通过他们如何度过课外时间来大致认识他们的学习状态。一是溜达式的浪费时间:到其他宿舍去串门、在校园里看风景、去街上逛超市;二是娱乐式的耗费时间:打牌、玩网游、运动;三是参与式的消费时间:参与班级活动、参与社团活动、参与校内各类活动。如果从有益于大学生成长的学习角度看,只有第三类是具有学习性质的使用时间,且多表现为被动式的。

第三,不能处理好学习和活动的矛盾,常常流露出紧张而慌乱的情绪。

对于大一新生来说,最突出的学习困难要算如何处理专业学习和课外活动的关系。专业学习与课外活动是两个不同的学习内容,对于大学生来说,参与课外活动既是扩大交往面的需要,又是开阔学习视野、提升能力素养、将理论运用于实践的需要,是大学生课外学习的重要途径和方式。辅导员一般都比较鼓励学生主动参与班级活动或其他校内有价值的活动,因为这两者本来是不存在矛盾的。但是一些大学生却经常表现出紧张而慌乱的情绪。究其原因主要有两个方面。一方面,他们总是想同时处理好专业学习、课外活动、业余生活三者之间的冲突,既不想丢了学习,又不想少了娱乐,鱼和熊掌要兼得。这势必在行为上既表现出想少花时间多办事的功利心态,又表现出未经世面不善处事的紧张心态。其实这两种心态是相互影响的。如果不想鱼和熊掌兼得,就不会因为时间冲突而紧张。另一方面,是由于他们不善于统筹安排时间所致。十多年的中小学学习,他们基本都处于父母、老师的帮助之下,少有独立处理个人事务的经验,在多项事务搅在一起的时候,往往不会按照事务的轻重缓急来判断和运筹,确定取舍,排定事务处理的先后顺序。只要几项事务搅在一起,马上就表现出紧张和不适。

事实上,辅导员要清楚地告诉学生,专业学习、课外活动和业余生活都是大学生活的重要组成部分,其中课外活动和专业学习是大学时期必读的"两本书"。既然两本书都要读,就要学会运筹时间。在事务较多时应适当地减少娱乐时间,为参与课外活动和专业学习让道。

二、大学生学习困难的原因分析

导致大学生学习困难的原因有很多,其中,极具个性化的原因更是不胜枚举。有家庭原因导致学习困难的,有爱情原因导致学习没有动力的,有个人智力水平导致学习无法进行的,等等,难以归纳出其中的规律。这些只能靠辅导员自己有针对性地加以分析并找出解决的办法。本文试图从三个有规律性的方面分析大学生学习困难的原因,为辅导员帮扶学生提供有价值的参考。

第一,由于学习方法陈旧而导致的学习困难。

大学阶段的学习与高中阶段有很大差别:一是学习任务重。每个专业从进校到毕业一般都有三十至四十门课程,这是中小学阶段无法比拟的。二是完成任务的速度快。一般每个学期要完成好几门课程,一门课程几十个小时的课堂教学就结束了,课内外的学习必须跟上,否则就可能导致重修或补修,压力会更大。三是方法多样。中小学阶段的学习,由于内容基本相同,方法一以贯之,相比之下,要简单得多。大学阶段是专业学习的基础阶段,十分强调人才素质的综合性和全面性,所以课程设置不仅强调专业性,还有综合性,既有专业课程,也有公共课程,还有通识课程。不同课程的考试方法反映出来的学习方法就有明显的不同,有闭卷考试、开卷考试,还有小论文或课程设计。

问题在于,大学生在开始学习的时候,大多没有认识到这些不同,有的人依旧抱着过去的学习方法面对现实的学习任务。显然,老办法面对新问题,不改变就只有被淘汰。比如,我们看到一些大学生英语学习十分吃力,面对沉重的压力深感力不从心,这就是陈旧的方法惹的祸。中学阶段的英语学习任务是很有限的,词汇量通过十多年的学习不过几千。而大学时期,单四级英语的学习,不仅需要在四个学期完成五千至六千词汇量的学习和记忆,而且要听、说、读、写"四会"。这样的学习就不能像中学时期那样,要扩大阅读量,通过大量的阅读,既增加新词的识记频率以提高记忆力,又在阅读中逐步掌握"四会"的基本能力。但很多大学生依然只知道记忆单词和学习课文,其他的阅读就只是为了考试,这怎么可能把英语学习好呢?

第二,由于学习目标不明而导致的学习困难。

有的大学生一走进大学,就有了"船到码头车到站"的念头,开始了"刀枪入库、马放南山"的悠闲生活,过上了自己想过的日子。要知道,面对大学沉重的学习负担,没有一定的压力和动力,是大学生学习之大忌。是什么原因导致了他们如此不知轻重呢?

一是由于他们不知道自己为什么要上大学。读书就要考上大学,这是所有父母的共识。因为在他们看来,孩子上了大学,将来面对社会的竞争必会增加筹码。面对就业的压力,求人不如求己,把书读好,是所有困难家庭走出困境的最便捷的通途。但是,"身在庐山中"的学生却由于一直生活无忧而缺少这种就业压力,在他们的眼里,好像很多没有上过大学的父辈生活得也挺不错。他们以为,像他们的父辈一样生活,也未尝不可,为何非要上大学呢?

二是他们不知道如何面对大学生活。在整个中小学学习阶段,不少学生处于父母和老师陪读的状态。他们为什么学习,怎么样学习,道路和方向在父母和老师的心里都清楚明白,而学生不需要明白也能闭上眼睛被父母和老师扶着往前走。可一旦走进大学,父母和老师突然不在身边,不得不睁开眼睛独自前行的时候,却忽然发现不知道前往何方。面对如此的现实,一些学生采取的办法就是或原地不动,或蜗牛状慢行。

第三,由于学习动力不足而导致的学习困难。

学习如逆水行舟,"一篙松劲退千寻",这个道理人尽皆知,对于能够考上大学的学生来说更是不言自明。这里的"松劲",说的就是动力不足。人们常说,没有压力就没有动力。对于在校大学生来说,并不是没有压力,而是有些人无视压力、不知压力,所以才动力不足。

无视压力的存在,没有方向感,使他们不愿意努力学习。大学阶段,是青年大学生人生的关键期,是为未来人生奠定基础的大好时期。在未来的社会竞争中,可谓"千军万马齐踊跃,八仙过海显神通"。所以,大学阶段的学习,虽不是逆水行舟,也是人人应当努力的时候。但一些大学生由于目标不明确,总找不到努力的方向,虽感到压力沉重,也不愿负重前行,甚至觉得等找到了方向再努力也不迟,何必现在用劲呢? 殊不知,此时不用劲,不是停下来,而是在相对意义上"自退千寻"。

不知压力的存在,没有责任感,所以,他们想不到努力学习。压力在肩而不知,只有两种情况:一是肩膀力大无比,根本感觉不到有压力,就自然担得起;二是肩膀麻木不仁,压力虽在却意识不到,其实是没有责任感的深刻反映。显然,我们这里说的不知压力的存在,是指大学生中一些缺乏责任感的青年,由于长时间生活无忧,虽已成年,却意识不到自己肩上的责任正越来越大,这使得他们跟着大部队前进的时候表现为漫不经心,学好和学不好都无所谓。

三、大学生学习困难的应对策略

大学生因为学习困难而导致学习成绩下降,甚至不能获得应有学分,就会直接影响学业,乃至不能顺利毕业。所以,大学生一般都能比较自觉地关注自己的学习状态。一旦出现问题就会感到焦虑。如果不能及时获得帮助,可能会导致一系列不良的连锁反应。因此,辅导员不能认为学习是学生自己的事情而等闲视之。尤其应在大一开始后不久就要及时干预学生的学习状态,不要等到"千寻退后,千帆尽失",为时已晚。

第一,帮助学生尽快确立新的学习目标以增强学习动力。

通过前文的分析,我们不难发现,由于目标不明,导致学生学习没有动力,是大学生学习困难中最为典型的行为和心理障碍。客观地说,对于大学生而言,一旦动力十足,完全可以战无不胜,攻无不克。因此,辅导员对学生学习困难的帮扶,首先应从明确目标,增强动力开始。

一要从思想认识上提高学生对于目标的理性认知。目标是人生的方向,对于没有方向的航船什么风都不是顺风。要想使自己的人生航船一直向前,驶达人生的彼岸,确立目标是头等大事。走进大学,只是完成了过去中小学阶段的学习任务,对于人生目标来说,这不过是一个重要的台阶,距离完成人生的目标还十分遥远。每个人都应将实现自身价值作为人生最大目标和最高理想,只有走好大学这段路程才可能为实现这个目标做出奠基性的努力。

二要在细节上为学生确立新的学习目标做出示范。很多学生出现学习困难不是不想学习,而是不知道怎么学习,所以才停下了前进的脚步。因此,教会他们怎么学习是推动他们努力学习的最好办法。大学生过去不知道确立目标,是因为有老师和父母的帮扶。现在辅导员接过了这个接力棒,就要因势利导,扶上马再送一程。比如,告诉学生本专业学习的一般要求是什么,如果想考研,应怎样进行专业学习;如果想找工作,应怎样进行专业学习。这要求辅导员在告诉学生之前要做必要的功课,要对所带学生的专业有大致的了解,对过去的毕业生状况大致熟悉。一些辅导员认为,说说就可以了,一般考试及格就行了。要知道,学生的认识并不比这个低,这样毫无作用。当我们用一些具有说服力的事实告诉学生的时候,他们自然就会在心里种下这颗种子,放下这块浮标,给自己的学习确立方向。

第二,帮助学生学会专业学习方法以尽快摆脱听不懂的尴尬。

方法是渡河之舟、跨江之桥,没有方法,就只能停留在此岸,永远不能到达彼岸。许多大学生由于学习方法不当,虽用尽心力,也进步缓慢。其负面效应仿佛多米诺骨牌,由于学习不好,其他什么事情都没有兴趣,对班级各方面工作的影响自不必说。因此,辅导员适时给予引导,一定可以大幅度提升学生的学习能力,从而拉近师生间的心理距离,为班级建设提供良好的基础。

将自己的学习方法与学生分享。辅导员一般都是在校时学习能力较好的大学生,都有一套自己用得顺手的好方法,应拿出来和自己的学生分享。这种分享不仅有温度,而且有信度。要知道大学生一走进大学,第一个见到的"亲人"就是辅导员。他们自然会很在乎辅导员的成功分享。

请高年级有经验的同学分享。不少辅导员与自己所带学生学习的专业不同,自己分享的经验可能大多是公共课程的学习或整体学习方面的,具体的专业课学习方法可能还需要有经验的人来分享。高年级的同学中,学习好且有总结能力的同学可以帮助自己做好这件事。所以,有些学校有让高年级同学给低年级同学做学习导师的制度,这未必不是一件好事。要注意,不能只找成绩好的,有的人成绩好,不一定能说出来。

引导学生在学习中学会自我总结提高。别人的经验再好,不一定可以照搬。这是一条普遍的道理,因此,一些同学对经验介绍不屑一顾。尽管这种态度不合适,但也有它存在的道理。因此,辅导员要因势利导,告诫学生及时总结自己的学习心得,以获得适合自己的学习方法,这种提醒本身也很有价值。

第三,营造良好的学习氛围以帮助学生摆脱"孤军奋战"的阴影。

任何一种困难总是在行为过程中逐步形成的,如果没有行动,就永远没有困难。学习困难的产生也大抵如此。因此,大学生的学习困难应在学习过程中得到适时解决。不管是极具个性化的学习困难还是带有普遍性的学习困难,都可以在学习过程中找到解决的办法。但是,辅导员要十分清楚一点,良好的学习氛围将十分有益于各种学习困难的解决。大学阶段本是人生的一段旅程,人人都在这条路上尽力奔跑,则所有的人都会努力前行,不用问为什么,氛围使然,跑着跑着,很多问题自然就解决了。而如果在这段旅程中,人们看到的都是些走走停停、漫不经心的人,则即使是想走快的人,也会因担心别人的嗤笑或议论而有意无意地放慢脚步。在高年级的同学中,一些同学想考研,而同宿舍的其他同学都不考,这个想考研的同学就可能因为"孤军奋战"而最后放弃。而那些考研宿舍、学霸宿舍的诞生,正是这种良好的学习氛围的硕果。当一个人摆脱了"孤军奋战"的阴影,就会力量倍增,一些学习过程中的小毛病,自然会被踩在脚下。

　　这一点,我们在田径的赛场上也可以看得十分真切。同一个比赛小组,人人都很厉害,则冠军的水平一定很高。如果竞赛者的水平参差不齐,则冠军的水平也一定有限。所以,辅导员无论如何也要在个别帮扶和集体辅导的同时,大力推动班风和学风的建设,此功一劳永逸无须赘述。

理科大学生思想教育的困难与应对

所有从事教育的人都知道,教育要有针对性。一是要针对不同的对象,二是要针对不同的教育内容,适时地采用不同的教育方法,由此而衍生出因势利导、因材施教等一系列的教育理论。在所有的学科中,没有一种学科比思想教育更注重这种针对性。因为思想教育要解决的不是专业技能,而是主体人的思想认知。其他学科解决的是"能不能""会不会"的问题,与人的智力因素直接相关。从内容的表现上看,它们看得见、摸得着,学好了,直接就有获得感。拿出来用,直接就能解决现实问题。大学毕业,就能用来作为谋生的手段。因此,专业学习的一个突出特点是"好用"。思想教育要解决的是"愿不愿"的问题,与人的非智力因素直接相关。从内容的表现上看,它们看不见、摸不着,学好了,没有什么特别的感觉。拿出来用,解决的问题也是看不见、摸不着的,到底有没有用,只有接受者自己心里清楚。大学毕业,能不能作为谋生的手段,没有人能打包票。我们从高校思想政治教育专业招收的学生数逐渐减少就可以知道,其就业前景不容乐观。因此,思想教育的一个突出特点,在很多人看来是"没用"。对此,习近平总书记在全国高校思想政治工作会议上提出,思想政治教育工作要"因事而化、因时而进、因势而新",对传统的"因势利导、因材施教"之法做了更深入的诠释。这不仅是强调思想教育工作的针对性,也同时说明思想教育工作的艰巨性和复杂性。

本文专门把理科生的思想教育工作拿出来讨论,其代表性在于:从事实看,理科生的思想教育工作确实不容易做。因为他们学习的内容极具专业特点,与思想教育工作的内容形成鲜明的对比。从实践看,大量的事实说明理科生对思想政治理论课兴趣不高。当思想政治理论课教师走进理科生的课堂,常常看到"倒 U 形"的班级座位状态,令人十分尴尬。为什么会这样呢?因为没有人愿意距离思想政治理论课教师很近,他们在心理上对这门课的抵触不言自明。事实上,对于辅导员来说,如果本人不是相关的理科专业,也常常会在日常的思想教育工作中遇到类似的尴尬。因此,本文的讨论,无疑会对理科专业辅导员工作有一定的参考价值。当然,这并不意味着论者所及不关涉文科专业辅导员。我们认为,文科专业辅导员和理科专业辅导员在思想教育的方法上并没有太多的差异,只是由于对象的不同有所侧重而已。因此,专论理科生思想教育的困难与应对,旨在应对其难,而非专论方法的特别和差异。

一、理科生与文科生有什么不同

有专门的研究表明,对于正常的人群来说,人与人之间的智力水平并无太大的差异。一个人适合学习文科还是理科,并无太多先天的决定因素,后天的影响才至关重要。我们之所以在大学里感到文科生和理科生确实有明显的差异,主要是中小学阶段长期偏科学习形成的思维习惯所致。

首先,对文科与理科内容的学习态度不同。

尽管我们并不赞成将学生简单地用适合学习文科或理科来进行分类,但有一个事实我们必须承认,就是不同的人对不同的知识内容的敏感程度是不同的。就像有的人对语言很敏感,有的人对音乐很敏感一样。对于文理科的知识内容,不同的人敏感程度确实不同。因此,在学习过程中,他们表现出来的认知度和接受度是不同的。比如,有的人一看到诗歌,就能够理解字里行间所表达的意境,而有的人怎么想象也没有感觉,即使用图画表达出来,也感觉模糊。有的人对理科的公式和定理只要搞清楚就能够掌握,而且能够很好地运用,而有的人却要通过大量的练习才能懵懂地接受。这样就比较自然地分成两种人群:一群人对文科类的知识比较容易接受,通过记忆就能够掌握知识,他们认为这样学习起来比较轻松;另一群人对理科类的知识比较容易理解,通过掌握公式、定理就能够以不变应万变,他们认为这样的学习十分简单。久而久之,这两群人对待文科和理科的态度就发生了明显的变化,一看是文科的课程,喜欢理科的同学就没有兴趣,而一看是理科的课程,喜欢文科的同学也提不起劲。这样明显的态度差异一直跟随他们到大学,乃至一辈子,直接影响了他们对于思想教育的接受度。

其次,对思想教育的内容接受度不同。

正是由于学生对文科与理科的学习态度差异,导致他们对思想教育的内容接受度也表现出明显的差异。一是对思想政治理论课的课堂教学的接受度不同。文科生比较能够耐得住性子,能坐下来,听进去;但理科生可能从一开始就有抵触情绪,即使坐在教室里,也是"身在曹营心在汉",要么做自己的事情,要么就是玩手机,心不在焉。二是对思想教育的内容接受度不同。文科生认同度较高,认为只要说得有道理,还是很有意思的,能够影响自己的行为,管用;理科生认为思想教育就是"耍嘴皮子",讲的内容都是"大道理",不实在,说了半天也没有看见能解决什么问题,还不如做几道题来得快而且实在。三是对日常的思想教育接受度不同。文科生认为日常的思想教育针对性更强,对自己有帮助,尤其是在思想迷茫的时候,十分有价值;但理科生却认为,最烦的就是辅导员开会了,对什么都要讲一番道理,啰唆而费劲。对一些女性辅导员,一些理科生更是毫不客气地评价说:"真是比我老妈还啰唆。"这种不理解多少让人感到心寒。

那么理科生有没有思想或情感感到迷茫的时候呢?当然有。但他们寻求解决的办法一般不会像文科生那样,通过阅读思想教育类书籍,或去找辅导员谈心,而是可能"剑走偏锋",要么自我消化,要么靠朋辈开解,很少有人通过阅读思想教育类书籍来解决思想问题,更别说去找辅导员面对面交流了。对此,理科专业的辅导员应时刻注意班级学生的思想动态,防止他们在相关方面产生迫切需要的时候找不到自己。

再次,对思想教育的方式接受度不同。

思想教育的方式有很多种,如课堂教学、日常教育、师生交流、个别谈心等。但不管是什么方式,都有一个根本性的表现形式,就是教育者通过语言或文字来表达思想。其目的都是试图影响被教育者的思想世界,乃至内心情感世界,从而影响被教育者的"三观"。

应该说,任何一门学科都是通过语言或文字来表达的。但要注意的是,理科专业课的学习,语言或文字表达的不是思想认识,而是专业理论。专业理论通过语言和文字表达出来的是一个可以看得见的理论成果,也就是我们常说的"知识",它们使听众有强烈的"获得感"。尤其是大学新生,他们对"知识"十分敏感,因为这些东西至少考试管用。而思想教育虽然也是通过语言或文字的方式表达出来,但是,其成果往往不能简单地用"知识"来概括。

我们都知道,马克思主义是科学,是放之四海而皆准的行动指南,是人类智慧的结晶,但很少看到说"马克思主义是知识"的表述。当然,客观地说,我们不能否认,在马克思主义理论中,存在很多具有知识性质的内容,但是,简单地把马克思主义说成像专业理论课那样的科学知识是不准确的。因为它所涉及的范围极其广泛,远不止是"知识"。对于人生来说,它多表现为智慧或行动的指南;对于学科来说,它多表现为科学或理论,如马克思主义哲学、马克思主义政治学、马克思主义文艺学等。要使学生接受思想教育像学习专业理论课那样得到富有知识性的"获得感"很不容易。因此,文科生和理科生对思想教育的接受度就自然会受他们固有的敏感度影响。对思想教育内容的语言或文字比较敏感的,就容易接受,而敏感度不高的,就不容易接受。

当然,作为一门课程,我们不得不面对一个问题,就是对课程学习的考核也是教育方式的一种。理科专业的考核,虽然题目千变万化,但利用好万变不离其宗的公式和定理,可以帮助理科生获得好成绩。而思想教育的考核,在中小学时代,大多通过大量的背诵,在漫无边际、不可捉摸的范围内出题,其中的主观题往往不好拿捏,想得高分,很不容易。这显然让那些对文科不感兴趣的同学感到麻烦,客观上在心理层面降低了接受度。

二、理科生思想教育的困难在哪里

在前文分析中,我们认为,理科生和文科生对思想教育的接受度不同,其中一个重要的原因是他们在中小学时期对文理科课程学习的态度差异使然。这种态度的稳定性给大学的思想政治教育工作带来了不同的影响。理科生对思想教育的心理抵触直接影响了他们的健康成长,影响了高校人才的综合培养。因此,剖析这种态度产生的原因,对于我们了解和认识理科生思想教育的难点很有帮助。

首先,理科生思想教育的困难在于对思想教育的错误认知。

这种认知误区有两点人所共知。一是"背书论"。认为思想教育就是上课时在老师的带领下在书上画个重点,然后背诵记熟,最后通过考试完事。说到底,在他们看来,思想教育课程的学习就是为了一个通识学分,毫无实际用处。二是"无用论"。认为思想教育就是讲大道理,与实际生活没有什么关联。听与不听,个人没有什么不适的感觉,更没有觉得,没有了思想教育,自己会有什么损失。你要是告诉他,思想教育课程主要关涉学生的道德水准,这些同学就会反问你:"难道我的道德水准有什么可以怀疑的吗?"还有的同学甚至狂妄地说:"大道理谁不会讲啊?"一些毕业于理科专业而后走上辅导员岗位的人,想必对此有深刻感悟,要想把一个道理说清楚,而且让学生接受,何其难也! 马克思说:"理论只要彻底,就能说服人。"要想彻底,是要费很大一番功夫的。

令人难过的是,这两点错误的认识,大多源于中学的思想品德课程的学习。到了大学,甚至有同学问:"我们从小学就开始学习思想品德课,到大学还在学习,这要到什么时候才是个头啊?"好像他们都被思想教育折磨坏了似的。殊不知"思想品德课"不过是一个名字,其内容必然是随着人的成长而不同。他们之所以能够在思想感情、德行品质方面成为今天的自己,与整个中小学阶段学校和家庭的思想教育一刻也分不开。而学生的认识就是这样简单而令人无奈。客观地说,中学阶段的思想品德课程,作为思想教育类的基础性内容,一些知识需要背诵记忆,这样的要求并不为过。只是理科生乐于使用定理和公式的思维习惯使得他们觉得要背的内容实在是麻烦。当这种错误的认知被用来作为一种借口的时候,即使明知是误解,他们也往往理直气壮。说到底,一些学生关注的知识学习,不是知识本身是否对自己的成长有用,而是在学习的过程中是否给自己增添了"麻烦",令人无言以对。

其次,理科生思想教育的困难在于成长过程中孩子气的任性。

在公众场合,一个孩子情绪不好,立即会对让他产生不良情绪的人或物表达不满：生气、谩骂、哭闹等方式皆有可能。我们把这种无视他人存在，只管表达个人情绪，不分场合、不知轻重、不识好歹、不顾脸面的做法，叫孩子气的任性。这有两个层面的特征：一是对自己的行为及其影响的无知，二是坚决就要按照自己的想法去做的肆意妄为。

这种孩子气突出地表现为对现实人生的各种无知，因无知而妄为。在孩提时代，很多时候这种做法是不受谴责的，旁人一般都能够接受和宽容。而正是这种宽容，有意无意地养成了一个懵懂少年的孩子气。如果在成长过程中一直没有得到矫正，这种孩子气会跟随他走上工作岗位，直到受到职业规范的约束时才会渐渐地消失。而这时候的消失一般都不会是自动的，往往伴随着现实生活的重大挫折或心理上的重大委屈。

时下的在校生多为独生子女一代，他们多是在父母的呵护下长大，很少受委屈。正因为如此，一部分大学生的身上还带着这种孩子气。令辅导员头疼的是，学生并没有感到这有什么不好。结果可想而知，不是"快乐成长"的大学生感到有什么不适，而是在旁边看着他们，为他们这种不健康的成长感到十分无奈的辅导员很苦恼，真是"豆腐掉在了灰上，吹不得，打不得，只有看着"，让人束手无策。

面对这样的大学生，若还是理科生，思想教育的难度可想而知。孩子气的任性既可以让他们在课堂上不认真听课，把责任推到老师身上，说他们的课程实在是毫无水平；也可以让他们在课外的思想教育活动中"油盐不进"，就这样长时间自由自在、我行我素地成长。

三、理科生思想教育困难的应对

当然，客观地说，理科生和文科生在大一时候的许多表现并无十分明显的差异。他们虽然在思想教育方面存在一些令人感到棘手的问题，但也并不是铁板一块，无处下手。辅导员要有坚强的信念，坚信我们的大学生主流是好的，不是他们不想要思想教育，不需要思想教育，而是他们在选择，在反思，他们需要的是什么样的思想教育。只要我们用心尽力，就一定能够找到合适的方法，甚至可能在整体上有所创新。本文提出三个具有普遍适用性的方法,期望能够为理科专业的辅导员助力。

第一,潜移默化法。

一想到潜移默化,自然让人联想到"润物无声"。思想教育由于内容和方法的特殊性,尤其强调不让教育对象感到我们进行的思想教育才是最好的教育。除了课堂教学外,思想教育者一般都愿意用"谈心""聊天""拉家常"等听起来很生活化的语言来表达自己进行思想教育的行为。其目的在于淡化思想教育的方式,强调思想教育的内容和效果。由于理科生相对于文科生来说对思想教育接受度比较低,容易对辅导员的日常思想教育产生心理阻抗,所以,用比较随意的方式,潜移默化地影响他们,使他们没有感觉我们是在有意地进行思想教育,可能更适合些。

其一,用美好言行温暖人。我们都知道"亲其师,信其道"的教育箴言。思想教育尤其强调教育者在被教育者心目中的形象和地位。如果教育者是让被教育者感到不可亲近、懒得亲近的人,其思想教育的效果就基本是负效应的。理科专业的学生日常的学习十分辛苦,作业和实验都很耗时间和精力,甚至有些同学连饭也吃不好,缺少呵护是理科生的日常生活状态。因此,辅导员要学会用美好的言行温暖他们,要让他们感到自己的辅导员是温暖的,值得亲近和信赖的,是在困难的时候可以依靠的人。而不要让他们感到:"我们都那么累了,他还有心思在那里唠叨个没完没了。"这是一道情感的门槛,如果师生之间这道门槛跨过去了,后面的思想教育工作就比较好做了,而且容易出效果。

辅导员的美好言行,至少有两个比较明显的特征:一是关怀,二是鼓励。前者是在日常的师生交往或思想交流中,以辅导员对学生的嘘寒问暖为主要行为方式。理科生学习比较辛苦,辅导员就要学会"使民以时",不能使他们累上加累。后者是在学生日常的学习生活中,看到学生有进步,哪怕只是一点小小的进步,都要及时鼓励,以辅导员通过各种方式传递的肯定信息为主要表达方式。这两者都要求辅导员及时恰当地做出来,不能错失良机。

其二,用榜样示范影响人。"榜样的力量是无穷的"这句话人所共知。辅导员在日常的思想教育工作中要善于树立学生身边的典型,及时宣传优秀模范。对于学生群体中的模范本人来说,这是对他们的鼓励和鞭策。确立榜样是对榜样过去工作成果的肯定,会使榜样本人按照过去成功的经验继续努力,从而更加优秀。对于朋辈来说,榜样就是目标,就是方向,就是最有说服力的样板,使同学们在潜移默化中能自觉地改变的过程就是思想教育工作润物无声的过程。

当然,在有限的群体中确立榜样要谨慎,因为他们就生活在同学们身边,日常的言行举止同学们尽收眼底,榜样到底做得怎么样,能不能经受住实践的考验和时间的历练,需要认真论证。不能在榜样确立之后,却出现一堆问题,让同学们深感这个榜样还有很多不值得学习的地方,没有什么了不起的,那将会使榜样示范效应大打折扣,甚至有可能产生负效应。对此,辅导员要尽力做到两点:一要确立在某个方面突出的榜样,而不要搞"高大全"的样板。二要在宣传的材料中实事求是,而不要说过头话。

其三,用良好班风感染人。我们说过,人是环境的产物。在一个班级里,什么样的班风造就什么样的人群特质。因此,良好的班风是辅导员采用潜移默化、润物无声之法进行思想教育工作的上乘之举。

辅导员要有班风建设的整体设计,应努力做到四个方面。一要调查研究,为班风建设做准备。不同的学生群体,班风建设应该各具特色。这就要求辅导员能够做到深入实际,调查研究,了解有哪些学生可以为班风建设服务。二要有顶层设计,为班风建设做整体谋划。建成什么样的班风,怎样建设,具体有哪些步骤,要在正式走上岗位之前就有思想准备。理科生的班风顶层设计要考虑到他们学习的实际情况。三要有具体理念,为班风建设营造氛围。党和国家在一段时间内会有主要的建设内容和目标,与此对应,会用一些明白晓畅、通俗易懂、朗朗上口的标语引领民众,以达到统一全民思想的目的,为全民参与国家建设做好思想准备。这可以借用到班风建设中来,辅导员可以用一些表达班风建设理念的标语作为班风建设的思想引领,在学生中广泛传播,以促进形成共识。四要身体力行,以促成班风的形成。这项工作一般涉及多项内容,单靠学生做,容易形成孤立的不成系统的一项项具体工作,相互之间没有联系。要知道相互之间没有联系的活动是形不成氛围的,这就需要辅导员宏观把控,坐镇指挥,以促进班风尽快形成。

第二,浅入深出法。

"深入浅出"用来描述一个教师或一个人讲的道理或知识点内容深刻,但采用的方法却浅显易懂。这里的"深"说的是讲的内容所蕴含的道理深刻,"浅"说的是讲道理的方法。但由于它们是连在一起,就字面含义看,容易让人误以为说的都是方法。一些人会误读为所讲的方法是从深刻处开始,由浅显处结束,认为这种方法不好把握,非十分有经验的人不能为。我们不必纠缠于这种误读,但为了便于理解,我们借用这种将"深"和"浅"都解读为方法的误读,对于我们应对理科生思想教育的困难,倒有一定的好处。我们将深和浅放在同一个意思上,说的都是方法,并将这两个字换个位置,"浅入深出",这样从字面意思一看就知道,我们在给理科生做思想教育工作,讲道理说理论的时候,要由浅显处进入,从深入处走出来。其实和深入浅出的内涵是一样的,都是提醒我们,讲道理要浅显易懂,不能晦涩难懂。尤其是针对一些理科生不喜欢思想教育的态度,我们用"浅入深出"之法应对,或可有效改变这种状态。

其一,联系实际讲看得见的。

针对理科生认为思想教育都是抽象理论的误解,辅导员在进行日常思想教育工作中,要善于联系实际,将理论与他们看得见的实际相结合。这样做,既可以在思想认识上矫正他们对理论的误解,更可以帮助他们学会用理论指导自己的行为,在实践中把握理论。比如,我们在引导学生学会处理个人的学习和生活中各种事务占用时间和精力的冲突时,就可以采用这样的方法。一是告诉他们,在遇到多种事务一起来临,时间和精力方面发生冲突时,要学会分析轻重缓急。先解决重要问题和紧急事务,然后再处理相对比较轻缓的事务。二是告诉他们,我们这种处理方法的理由是:这是矛盾论的观点告诉我们的方法。当面临一堆问题时,我们要善于分析其中的主要矛盾。抓住了主要矛盾,次要矛盾就会迎刃而解。学生中主要常见的矛盾冲突有学习和当学生干部之间的矛盾、学习和谈恋爱之间的矛盾等。辅导员应引导学生以学习为主,因为对于学生来说,他们的主要任务就是学习。当他们把学习抓好了,其他问题或事务都有机会解决。而如果他们的学习很糟糕,不论是当学生干部还是谈恋爱都会感到有压力,从而影响生活的质量。

其二,实事求是讲摸得着的。

思想教育可以有很多方法,但万变不离其宗:什么方法都必须立足事实,做到实事求是。如果不这样,一切思想教育都是毫无意义的,甚至是负效应的。比如,请学生参加学术报告会,让他们做听众,很多同学对此表示反感,认为自己不喜欢还必须得去,既浪费时间又没有收获,纯粹是形式主义。针对这种认识,辅导员应实事求是地做好思想教育工作。一要告诉学生,学术报告是一个专业学者近期的研究成果,学院请来讲学并不容易,作为学院的一员,理应以礼相待。二要告诉学生,各所学校的教学质量,从教育的层面来看,其实差距并不大。但是,作为学习者,能不能在大学期间听到高质量的学术报告,对于学生的专业涵养却是十分重要的,是导致各所学校的学生培养质量产生差距的重要原因,因此,这样的机会应倍加珍惜。三要结合本专业的学习实际,提出这个专家的报告与学生的实际需要有什么关联。把握住这三个方面,理应会使学生从思想认识上接受"倾听学术报告不是形式主义的要求,而是搞好专业学习的一种必备途径"这样的教育理念。我们注意到一些辅导员自己在做学生的时候可能就经常被安排听学术报告,但大部分人没有在思想认识上得到应有的提高,所以,他们在引导学生时往往会流露出类似"这是学院的安排,我也没有办法,必须去"的错误认识,这样不仅没有消解学生的抵触情绪,反而在一定程度上加重了学生"听报告就是形式主义"的感性认知,增强了"摸得着"的负效应,从而使类似的工作做起来很不容易。辅导员应引起重视,加以避免。

其三,把握时机讲真有用的。

与其他教育相比,思想教育更强调教育的时机。在合适的时机进行应有的思想教育,效果会事半功倍。相反,可能就会事倍功半。比如,我们在家庭中经常听到父母的唠叨。父母爱孩子,会不断地提醒孩子要注意这个要注意那个,他们会一有时间就讲,真的是"年年讲,月月讲,日日讲",但讲的效果是什么呢？会导致孩子的强烈逆反心理。辅导员工作应引以为戒。那些经常通过班会唠叨一些应该注意的问题，反复强调要遵守纪律的辅导员，往往会引起学生的反感或冷遇。因此，辅导员在进行日常思想教育工作中，要善于把握时机，讲那些对学生来说确实有用的内容。尤其对于理科生，他们习惯于讲"实在"的，讲"看得见摸得着"的，讲"管用"的。辅导员要理解和适应他们这样的心理需求，在适当的时机给予适当的引导。比如，关于暑期大学生防溺水的思想教育工作，就应把握暑假前后这个时机讲，而不要在日常的思想教育工作中过多地强调。一是预防性的引导。比如，暑假来临前夕，要告诫同学们不要随意到不熟悉的水域游泳，要严防溺水事件的发生。二是检查性的引导。在暑假可以通过网络告诉同学们，大家比较遵守规范，十分可贵，应注意保持。三是总结性的引导。在暑假结束后，通过班会表扬大家："由于同学们严格遵守纪律，我们没有发生溺水或相关的恶性事件，值得表彰。"这期间再辅以一些溺水事件的实例，就可以起到告诫和教育引导的作用。

第三，因势利导法。

因势利导之"势"，是指事物发展的趋势和态势，一是指事物发展的方向，二是指事物发展的状态。强调辅导员在思想教育工作过程中要采用因势利导之法，就时机而言，强调的是辅导员的思想教育应学会把握学生发展的方向或状态之"势"，及时加以引导。就效果而言，强调的是思想教育的针对性和时效性。在武术运动中，有一个招数被称为"借力打力"，就是因势利导之法的实际运用。当对手一招击来之时，其势不可挡之状，足以伤着自己。此时，硬碰硬地对着干，必伤无疑，不如因"势"而导之，顺势而为，则可将对手一招制服。理科生的思想发展之"势"，与文科生相比虽大同小异，但也应引起辅导员的关注。辅导员应学会因"势"而动，借"势"而为，使他们最终信服辅导员的思想教育。而不能与他们硬碰硬地对着干，尤其不能以辅导员作为教育者和管理者的"势"来压服他们。

其一，因事之势疏导之。同样一件事情，发生在文科生身上和发生在理科生身上，思想反应是有差别的。比如转专业一事，转成了，都高兴，转不成都有挫败感,这基本上没有什么不同,差别在于如何面对这种挫败。文科生相对于理科生大多比较容易"想得开",即比较容易做思想工作。一方面,没有转成,还可以继续在本专业努力学习,将来可以通过考研究生改变专业学习的方向。另一方面,专业学习本身并不是大学学习的全部,只是学习的一个抓手,通过专业学习,学会大学的学习方法,将来走上社会工作岗位,依然可以大显身手。也就是说,在大学期间,大学学习方法要比专业学习本身更重要。但理科生却可能不好做工作,思想反应要更强烈些。即使进行了必要的思想引导,他们依然会存在较大的挫败感,较长时间表现出对现有的专业学习较强的心理抵触,对未来专业学习的满意度表现出较大担忧。

种种迹象表明,转专业的挫败之势让理科生的心理被"堵"住了,一般的引导作用不大。此时,辅导员应采用疏导之法以应对。一是学习困难比较法。即将现实专业学习的困难摆出来,找出问题的症结;将欲转专业学习的困难也摆出来,提出困难的可能。然后将两者放在一起进行比较,看两个专业学习的困难有何差异。我们可能会发现,他们所强调的困难可能是相近的,甚至是一样的,从而达到疏导之效。二是兴趣异同比较法。即将现实专业没有兴趣的点找出来,将欲转专业的兴趣点也摆出来,将两者进行比较,看看差异在哪里。通过比较,我们可能也会发现,他们所强调的不同,可能是大同小异。通过这种比较,从而达到消解抵触情绪的目的。我们之所以会得出这样的结论,是因为大部分想转专业的同学,对自己想转过去的专业了解的程度一点不比自己所学习的专业多。他们想转专业的目的,多是因为家人的引导或自己的主观臆断,甚至考虑到将来毕业后所学的专业是否好就业。这显然是以静止的方法在看问题,谁能保证几年后这个专业的就业趋势依然很好呢?简单地以就业为导向的专业选择可以理解,但如果不适当地加以引导,采用听之任之的方式,对于辅导员来说是不合适的。稳定的专业学习心态无疑有益于营造良好的学风。

其二,因时之势引导之。在大学生几年的学习生活中,不同的学期都会表现出不同的发展状态。这一方面表现出大学生成长发展的快速趋势,另一方面也表明,大学的学习对于青年学生的成长作用巨大。这一点对于理科生来说当然也是如此。我们还注意到,越是到高年级,学生与专业相关的职业特征也表现得越明显。比如师范专业的教师特征、医学专业的医生特征、军校学生的军人特征等。这种发展态势提醒辅导员,日常的思想教育工作应根据不同的年级在内容上要有所侧重,越是到高年级越要注意加强与专业修养相关的引导。

　　理科生需要特别重视的思想教育问题,是要关注他们在高年级时日渐清晰的对于人生问题的思考。或有人问:"这是否有杞人忧天之嫌?"他们在低年级时不是已经学习过了相关的思想政治理论课吗? 难道辅导员还要给他们额外地回个炉? 我们的回答是,针对学生的发展需求,就是需要在可能的情况下给他们在相关的方面以必要的"补课"。原因有二:一是由于理科生考上大学时,大多沉浸在理科专业高考成功的喜悦之中,他们还躺在功劳簿上享受这种快乐,一时难以对大学低年级时安排的具有文科性质的思想政治理论课表现出学习兴趣;二是处在低年级的理科生尚处于单纯质朴的学生状态,没有对未来人生进行深入的思考,因而对于辅导员和思想政治理论课中进行的关于人生观等方面的教育需求度很低。随着大学阶段的不断深入、个人的快速成长,理科生对于人生的问题开始逐步关注。此时,大多数同学表现出思想发展的"营养不良",急需合适的引导。辅导员此时应主动占位,及时"普降甘霖"。

　　其三,因欲之势利导之。马克思主义认为,人们奋斗所争取的一切都与他们的需要有关。也就是说,"需要"是人们行为发生的内在动力。这对我们进行适时的有针对性的思想教育工作很有启发意义。要提高思想教育的实效性,必须牢牢把握大学生的心理特征和思想发展的需要。尤其是对于有强烈的自我意识的大学生来说,进行思想教育一定要抓住他们的内在需要。这一点对于强调"管用"和"实在"的理科生来说,更应如此。

　　比如,我们要对大学生进行人际交往方面的引导。一般的教育,他们是很难接受的,甚至会反问:"难道在这么简单的问题上我还会犯错吗?"事实证明,他们不仅有问题,有时还是大问题。对于理科生来说,这样的问题还比较普遍。因为他们在以前的学习生活中,大量的学习任务几乎让他们没有时间在人际交往方面得到应有的训练。到了大学阶段,理科学生的作业和实验都比文科生要多得多,业余时间相对较少,在人际交往方面能够花费的时间和精力都比文科生要少许多。因此,理科生在人际交往方面遇到的问题就相对较多。

因此,辅导员对理科生进行人际交往方面的思想教育,既要在一般的意义上用引导的方式提醒他们注意在交往中要学会人际交往的一般方法,还要在他们出现人际交往问题时及时给予额外的辅导。这种因需要而给予,而不是不管需要不需要都"满堂灌"的因欲之势利导之法,一定能收到很好的效果。

至此,或有人问:"前文所提之法,文科生辅导员是不是不能用呢?"非也! 文科生辅导员不仅能用,而且会用得更好。此处之所以强调适用于理科生辅导员,旨在说明,由于理科生与文科生有一定差异,这些方法对于理科生来说,更益于消解他们内心的抵触情绪和思想认识上的一些误区。而文科生由于少些抵触,少些误区,辅导员有更多的方法进行适时的思想教育工作。

附录

我为什么要爱学生①

——关于教师"照亮了别人，燃烧了自己"的思考

第一次走上讲台，是在我毕业实习的时候。看到学生们那期待的眼神，我的心被深深地打动了。我本来并不想当教师，之所以选择教师专业只是因为学习教师专业可以在读书期间获得助学金，可以帮助我完成大学的学业。我觉得自己没有有足够的能力或知识奉献给学生，要我将充满活力的青春完全耗费在三尺讲台上，我和所有不想当教师的青年一样心有千万个不甘。我应该去做一件可以"叱咤风云"的大事，从而实现我的人生价值，至少我应该去做一件自己感兴趣的事情，使我的生活不至于总是重复，枯燥无味。大学四年，我几乎都是这样想象未来的。可是，在我带着忐忑不安的心情走进教室，准备好教案，抬头扫视学生的时候，我彻底改变了我的追求。因为在那一刻，我看到了自己是那样真切地被学生需要，被学生看重，他们面带微笑地看着我，给了我勇气和信心，同时也传达给了我一个很明显的信息："老师，你是否愿意把自己的知识毫无保留地奉献给我们？"也正是在那一刻，我看到了实现我人生价值的舞台。因为当我把一个知识点说出来的时候，学生们都迅速地低下头，把我讲的内容记录下来。有哪一种职业可以在同一个时间内，在不同的心灵里播撒智慧的种子呢？而当这些种子生根开花结果的时候，又可以影响更多的人群。唯有教师这种职业才可以做到！这是一个多么有意义的职业啊！从此我坚定了我的职业选择——做一名光荣的人民教师，心甘情愿地在三尺讲台上辛勤耕耘。

然而毕竟年轻，重复的劳动必然会使我厌倦，学生的不理解必然会使我

① 此文是2005年年初，我为参加学校宣传部的一个征文活动而写的。结果不得而知，应该是没有获奖，但不知道为什么后来在网络上看到了它。因为写的都是真情实感，我也比较喜欢。借此公开呈现，以接受同行检阅。收入本书时有改动。

感到沮丧。我开始意识到，我当初所感受到的，其实是教师职业本身的伟大意义。而对于我这个微不足道的个体来说，并不会因为我是这个队伍的一员，就因此变得伟大起来；也不会因为我是这个队伍的一员，我就有足够的知识奉献给学生，我就有不竭的能力为学生奉献。职业责任感虽然没有使我放弃爱学生的心，但是，我已开始隐隐感到我与学生之间的距离，特别是当我被学生误解，或没有成就感的时候，我开始问自己：我为什么要爱学生？或者说，什么是我爱学生的动力？如果不能解决这个问题，那么，我如何能够长时间地保持足够的热情来面对我的学生，面对我的职业而甘于平淡，乐于付出呢？

有人说，这个问题很简单，因为你是教师，所以你必须爱学生，这是教师职业的基本道德规范。这当然不是错误的答案，但问题是，规范可以使一个人的行为不超越范围，但并不能成为一个人的行为动力。不是这样吗？有些老师每天都在工作，从不违背教师的职业道德规范，但他们没有因为遵守了规范而感到快乐，相反，他们对学生的爱心却有减无增。显然，如果爱学生是一种规范使然，那么，老师的爱就是一种可以被设计的形式。

也有人说，爱学生是一个教师的职业良心。作为一名教师，你不能误人子弟。可是，职业良心的表现形式并不是非此即彼——要么误人子弟，要么有所作为。事实是在不误人子弟和误人子弟之间，还有一个中间状态，那就是虽然没有误人子弟，但是也没有做出什么贡献。你说他害了学生是不公平的，但若说他爱学生就显得牵强。由此可见，职业良心不过是一个教师能够认真遵守职业道德的内在约束力，并不是他爱学生的内在动力。

人们常说，老师就像蜡烛，照亮了别人，燃烧了自己。这个比喻很贴切，长期以来一直为世人称道，使教师的职业增添了不少光环，甚至有些教师在以此为荣的同时，还平添了一些清高的气息。在他们感到待遇不如人的时候，还会有些悲壮。也正因为如此，有些"蜡烛"在面对学生的时候，总不免因为自己有能力发光而多少显得高高在上，以致自己学习的知识越多，离学生的距离越远。这种习惯思维，使得有些"蜡烛"在欣赏着自己美丽的光环之时，忽略了一个简单的问题：是谁点亮了"蜡烛"？是什么保证了它的燃烧即使有风的侵扰，也依然充满活力？如果没有人来点亮"蜡烛"，"蜡烛"能够实现自身的价值吗？从古至今，点亮"蜡烛"的人，在享受着"蜡烛"的光芒时总是心存感激，对"蜡烛"顶礼膜拜，却不知如果自己不去点亮"蜡烛"，即使"蜡烛"具有无尽的燃烧力也不能发光。从这个角度来看，"蜡烛"是不是应该对点亮他们的人，或者是享受自己光芒的人心存感激？因为没有了他们，自己便没有了可以施展才华的平台。

2003年年底，我有机会成为安徽师范大学经济法政学院2002级政治系246名学生的辅导员，我非常高兴。当我第一次召集他们开会时，我向他们提出了一个小小的请求，希望他们允许我开怀大笑一下。当时，所有的学生都愣住了，但很快他们和我一起笑了起来，并报以热烈的掌声。随即我告诉他们：我之所以想笑，是因为我很高兴，我不想掩饰这一点，高兴的是我能够有机会实践我在思想教育方面思考的一些成果。因此，我很感激同学们给我这个机会。当同学们听到这里的时候，掌声再次淹没了我的发言。他们后来告诉我，他们感到很惊讶，继而感到很新鲜，从没有听到老师这样说，更没有想到一个辅导员会这样说。在随后的日子里，我和我的学生在自我素质培养方面做了大量的尝试性工作。他们组织了八个兴趣小组，涵盖了文学、体育、书画、手工制作等方面。在春寒料峭的三月，他们开始在师大的新校区组织晚间跑步锻炼，从而带动了整个新校区学生的业余体育锻炼，使得正在建设中的新校区充满了青春的活力。五月中旬，我的学生组织了一次长距离的徒步拉练。一路上，他们欢声笑语，锣鼓喧天。鼓动队打着快板，喊着加油；音乐兴趣小组的同学们高唱着《真心英雄》的歌曲。我走在队伍的中间，完全被我的学生感染了，时而小跑着给他们加油，时而拿起鼓槌为他们擂鼓助威。学生们也很为我的行为感动，当我走在后面的时候，一个同学深情地说："路老师，你太让我们感动了，休息日不在家里休息，却和我们一起来吃这样的苦。""不，"我打断了他的话，"我不是来吃苦的，我是来享受的，我和我的学生一起做这样的事情，我其实是在享受一个教育者难得的快乐。你要知道，组织这样的大型活动很不容易。尽管拉练是我倡议的，但我一个人不可能做好这样的事。大家觉得是个好建议，就一起来做，才有了今天这样壮观的场面。同学们经过这样的锻炼，不仅意志得到了磨炼，在组织能力、合作能力等方面都得到了不同程度的提升，是同学们给了我一个机会，使我看到了我的想法是怎样变成现实的，我很感激大家。所以，尽管我在体力上是累些，但在精神上，我真的享受到了别人难以享受到的幸福。"

在随后的时间里，我和我的学生在班级工作方面做了大量的创新性尝试，充分调动了同学们参与班级建设的积极性和主动性。文学兴趣小组的同学们把喜欢《红楼梦》的同学组织起来，编排了一场《红楼梦》短剧，剧中的人物造型都是他们自己设计的，从发型到服饰都栩栩如生。英语兴趣小组的同学们自己组织了一场英语晚会，把《哈姆雷特》搬上了舞台，剧中的台词都是他们自己翻译的，表演得也很到位。一些原来很内向的同学也在其中扮演了角色，而且演得有模有样。通过这些活动，很多同学深深地觉得要重新审视身边的同学。一个同学深有感触地告诉我："原来以为自己的文学水平不错，现在才发现，身边的高手太多了。"这些都不是我这个辅导员用理论来告诉他们的，而是他们自己在实践中真切地体会到的。在整个过程中，我只做了两件事：一是给他们出主意，提建议；二是在看到他们工作的成果时给他们深深地鞠躬。而每一次鞠躬，都使我对"我为什么要爱学生"这样的问题加深一次理解。

我爱我的学生，是因为他们给了我一个机会，让我有了一个舞台展现我十多年来在思想教育方面所思考的一点成果。如果没有我的学生，我所有的思考最多不过是一些文字，最后可能改变我的职称，但我根本无法看到这些思考的现实成果。因此，我从内心感激我的学生。

我爱我的学生，不是因为我有多少知识可以传授给他们，看到他们把我讲的知识记在笔记本上，然后通过死记硬背印在脑海里，并在考试的时候考了高分，而是由于他们对我的信任，在我把自己的想法说出来之后，他们根据自己的情况列出实现这个想法的步骤，然后和同学们一起努力。比如《红楼梦》和《哈姆雷特》，可以说我对此所知并不比他们多，甚至不如他们，是他们用自己的智慧使我的想法更加完善，更具有创新的色彩。他们的劳动使我很感动，使我感觉到自己有机会得到一块块宝玉，而我可能还没有能力使这些宝玉都能够被雕琢得尽善尽美。

我爱我的学生，不是因为我有源源不断的热情奉献给他们，而是他们的鼓励使我的热情变得匀速而持久。当我和同学们开始讨论一个新的想法的时候，同学们都会主动地和我交流，在具体的实施过程中，他们也会和我探讨可能存在的问题。在工作结束后，我总能收到同学们反馈的信息，每当看到他们真诚的建议和意见，我都被深深地打动了。我也深深地感到如果单靠我一个人可能一事无成，最多只能靠辅导员的一点可怜的"权力"，通过板着面孔的方式来调动他们实现我并不成熟的想法。我没有使用我的这种"权力"，我对他们的感激使他们感受到了我的爱，他们没有看我的笑话，而是在我的工作中不断给我鼓励。他们用掌声，用微笑，甚至用拥抱告诉我，他们很乐意接受我，并且愿意和我一起工作。

我爱我的学生，不是因为我有能力奉献，而是因为我有机会获得。我用自己的劳动使我的学生获得了一些光亮，但首先要承认的是，是我的学生点亮了我这根可以放出光芒的"蜡烛"。正是他们点亮了我，才使我有机会燃烧，从而实现我作为教师的价值。

现在，我知道，我爱我的学生，是因为我对他们总是心存感激，这可能就是我爱学生的内在动力。这种感激使我和我的学生形成了良性互动，我们一起收获了信任、理解、感动、鼓励和成长的快乐。

我爱我的学生。

高校辅导员德育资源的开发和利用①

　　所谓德育资源,就是能够为德育工作的有效开展提供教育资料的各种来源,包括知识、经验、信息、人力、物力、财力等资源。就其存在的方式来看,具有分散性、隐蔽性、共生性等特征。这些特征决定了德育资源必须经过教育者的认真开发才可能发挥效用。高校辅导员大多是刚刚毕业的硕士研究生,大多数人在德育教育的方法上缺乏经验,这给实际工作带来诸多不便。高校辅导员如能有效地开发和利用德育资源,对大学生进行德育教育,思想教育的实效性就能得到较好的体现。

一、有效地积累教育环境中的德育资源

　　教育科学十分重视环境对一个人的影响,我国古代"孟母三迁"的故事说的就是这方面的典型案例。从思想教育的角度看,良好的校风就是很好的德育资源。学生在一个拥有良好校风的环境里,多少都会受到相应的熏陶,有利于其成长成才。因此,学校进行校风建设,辅导员有意识地进行班风、学风建设,其实都是德育资源的积累和开发的过程。

　　班风和学风建设,是一个辅导员走上工作岗位的第一课。许多辅导员在工作之初不知从哪里做起,许多人从抓学风开始,比如上课点名、晚自习查到,基本沿袭了高中时代的管理方法,这显然是不妥当的,因为刚刚走进大学的学生需要的是上大学的感觉。这种感觉是什么,没有人可以定义,但有一点是可以肯定的,就是与高中不同。如何使他们感觉到这种不同呢?这需要辅导员做好两项工作,一是对学生进行调查,摸清学生群体的主要特

---

　　① 此文发表于《安徽师范大学学报》(人文社会科学版)2007年第2期,后被中国人民大学复印报刊资料《思想政治教育》2007年第9期全文转载,2017年3月29日被全文刊载于微信公众号"壹学者思政研究"。收入本书时有改动。

征。比如,大多数同学喜欢文艺和体育,或者别的什么内容,可以通过问卷调查的形式快速获得结果。二是要问问自己,通过四年的教育,作为辅导员,你准备把学生培养成什么样的人。比如,有集体荣誉感的人,勤于苦读的人,具有综合素质的人,等等。前者是了解现实,后者是确立目标。了解现实是确立目标的基础和条件。如果这两项工作没有做好,班风建设就是一句空话,因为没有目标的工作是不可能有成果的。在调查的基础上确立班风建设的目标,容易被同学们认可,便于凝心聚力,在班风建设的方式方法上,也容易找到合适的途径,从而使班风建设尽快收到成效。

要想把班风建设的目标落到实处,第一要选好学生干部。学生干部是学生的领袖,是辅导员工作的助手,如果没有选好,将会给班级工作带来很多不良后果。选择学生干部很伤脑筋,辅导员很难从档案中判断学生的真实情况和实际工作能力。有的采用学生自我推荐和同学举荐相结合的方式,有的采用完全民主选举的方式,还有的采用竞选的方式,不一而足。每一种方式都有一定的合理性和可行性。孔子说,听其言,观其行。通过实际工作对学生的能力和德行进行判断是选择优秀学生干部的最好办法。因此,在大学生刚进校时,通过同学们认为可以接受的方式组建临时班委应该是比较恰当的办法。

第二要组织好班集体。学生时期对班集体的心理归属是十分强烈的,如果班集体没有达到同学们心目中所想要的状态,比如积极的、向上的、团结的、优秀的等,同学们就会变成一盘散沙,班级管理就名存实亡了。事物内部结构的变化,也会引起事物的质变。如果我们不注意班级群体的组成,就会使影响学生成长的德育环境发生变化,德育资源就不能很好地开发和利用。如果一个辅导员带的人数比较多,班级数也比较多,可以考虑成立一个统一的领导机构,比如班委联席会议或辅导员工作办公室等。

二、科学地转化校园文化中的德育资源

每一个高校都有丰富多彩的校园文化,其中学生社团在校园文化的建设中起到了重要的作用。它为许多同学在大学校园中寻找自我实现的平台

提供了契机,许多同学在学生社团中得到了很好的发展,学会了与人交往时的理解和宽容,学会了班级工作中的合作和交流,既增长了才干,也砥砺了品质。可见,在高校校园文化中也蕴藏着丰厚的德育资源。

但是,大学里的学生社团虽然多,因其需要一定的规模,需要一定的组织形式,在活动内容上需要有一定的要求等制约因素,并不能满足更多同学的需要。对于一个班级来说,建立兴趣小组是很好的做法。兴趣小组以其组织规模小、灵活性强、活动方式多样、活动内容相对专一等特点,能够较好地满足不同学生群体的需要。丰富多彩的大学生活,具备了引发思想活跃的大学生开展兴趣小组活动的客观因素。在班级建立兴趣小组,人员相对集中,有利于活动开展。这对于增进同学间的相互理解,加深友谊,提高自身的思想政治素质,培养同学们的集体荣誉感和责任感都具有特殊功效。

在班级建立兴趣小组应注意三个方面。一是在思想认识上给予足够的认可和支持。兴趣小组看起来仅仅是具有共同兴趣的学生组织起来的一个小群体,事实上,是学生心理归属的港湾、展现才华的舞台、自我教育的课堂。有不少辅导员对学生组织兴趣小组不置可否,甚至认为不是正事而加以阻止,这是不妥当的。学生群体的行为发生如果没有辅导员的认可和支持,就不可能获得广泛认同。而大学生的心理年龄正是需要认可的年龄,辅导员如果能认可和关注,调动其积极性就易如反掌。

二是在组织上给予适当的引导。学生在组织兴趣小组的时候常常只从自己的兴趣出发,不太可能考虑到班风建设等问题。而辅导员应该通观全局,对于学生应该具备的基本素质要求也有整体认识,如果能从人员的配备、活动的内容和形式、活动的目标等方面对学生兴趣小组进行引导,就可以发挥兴趣小组的德育功能。

三是在活动的组织方面给予指导和帮助。兴趣小组活动的开展需要的条件并不比班级或社团活动少。而兴趣小组的同学与班级干部或社团干部相比在能力方面就有不少劣势,比如认识的同学不多,开展活动的经验不足等。这就要求辅导员能够适当给予指导和帮助,在必要的情况下还要参与他们组织的活动,帮助他们克服其中的困难。这样才真正有益于他们提高素质,增长才干。

三、艺术地激发师生情感中的德育资源

"亲其师,信其道。""亲"是情感的融合,"信"是理性的选择。师生情感的融合是理性选择的条件,如果不能融合,就不容易有效选择,思想教育的效果就不容易实现。师生情感的融合使德育教育成为可能,这就是值得开发的德育资源。当然,大学生的"信"并不一定是全信,而是愿意听一听,或者不是不信,而是半信半疑,但至少不是拒绝。这就是很好的开端。思想工作怕的就是拒绝和不信。总之,真心诚意地和学生交朋友,至少可以在师生之间打开一扇沟通心灵的便捷之门。因此,在进行思想教育之前,有意识地与学生建立良好的关系,有益于激发师生情感中的德育资源。

与学生建立良好的师生关系,辅导员要注意把握好两个"度"。一是师生情感的"深度",即师生交往的心理距离。没有辅导员不愿意与学生建立良好的师生关系,但这种关系应该以什么样的度为宜却见仁见智。就心理距离来说,有的说近点好,有利于开展工作;有的说远点好,辅导员与学生保持适当的距离有利于树立威信;还有的说模糊控制最好,要让学生捉摸不透,这样可以给辅导员自由的空间,进退自如。无论是远还是近,都有一个度。辅导员对自己的实际能力应该心中有数,如果自己对于人与人之间的情感把握能力比较好,就尽可能近一些;如果能力较弱,就适当远一些,应以有利于建立良好的师生关系为目的,以辅导员能够有效控制为尺度。那种拒学生于千里之外,说要树立威信;或者若即若离,说是为了模糊控制的做法,被一些人认为是师生交往的技巧,是不准确的。相反,容易被学生误解为虚伪地玩弄师生情感。

二是师生交往的"广度",即辅导员与自己的学生交往的范围。从工作关系来说,要求辅导员与每一个学生都有必要的交往。但是,在实际工作中,由于工作的需要,辅导员与不同的学生交往的机会是不同的。与学生干部的交往要比与普通同学的交往机会多得多。如果辅导员不注意处理这种不平衡,就容易使普通同学与自己疏远。

有的辅导员认为,从管理的角度抓住学生干部这个"纲",就会"纲举目张",班级管理就容易多了。当然,从管理方法看,这样做是没有什么不恰当的,但从教育的角度看,这样做就容易被普通同学看成是"厚此薄彼",一旦这种不好的认识产生,辅导员再想与这些同学亲近一些就基本不可能了。这种德育资源的流失是十分可惜的。有效保持这种平衡,即将学生干部和需要关注的普通同学都列为关注对象,就不会让学生产生不平等的失衡心理。

四、积极地利用利益关系中的德育资源

思想教育工作不能忽视学生的个人利益,不能要求学生在损害个人利益的基础上为班集体工作。班集体的培养目标应该是使每个成员都能得到最大发展,实现自己的最大利益。因此,班集体的利益和学生个人的利益是一致的。正确地处理好班集体和学生个人的利益,就会有效地调动学生各方面的积极性,从而更好地实现学生自我教育的功能。因此,这种利益关系中也客观地存在着德育资源,积极地利用这种资源对于提高思想教育实效性的作用是毋庸置疑的。

说起集体利益和个人利益的关系,道理很简单,但学生在实际生活中并不这么看。比如为班级工作了,"我"付出了时间和精力,而那些没有为班级工作的同学却把自己的学习成绩搞上去了,在学年综合测评的时候"我"就很可能吃亏。所以,很多同学在低年级的时候还愿意为班级工作奉献,到高年级的时候就不太愿意了,甚至有些同学在回忆自己低年级的学习生活时还觉得自己很傻,我们也听到有些高年级的同学居高临下地说低年级的同学:"一看他们那样的热情就知道是低年级的。"为什么会这么说呢?就是因为他们应该得到的利益没有得到。什么利益?我们认为,不是综合测评的名次,而是应该给予的肯定性评价。

就学年综合测评来说,德育方面的评价主观性很强,常常表现为辅导员了解的同学其分数就高,不了解的其分数就不高,为班级做了很多事的学生,可能因为某件事情干得不好也没有得高分,几乎每年的综合测评都是伤

害学生心灵的一次"炼狱"。问题在哪里？一是我们的评价标准不科学,二是辅导员和学生都没有在思想上正确认识学生的利益。

　　长期以来,我们一直以为为自己的利益呼吁是一件很不好意思的事情。"我"为集体做了事情,如果"我"提出来要给予应有的奖励或者承认就很不合适,别人看来也觉得不那么高尚,至少评价不是积极的。当然,我们应该提倡无条件地为集体利益做贡献,但如果"我"做了贡献,集体却无动于衷,这是不是有点不正常呢？既然集体利益和个人利益在根本上是一致的,那么,在"我"为集体的利益而努力的时候也满足了自己的利益,这不是很好的事情吗？不是应该给予充分肯定的吗？一个人的品质是可以通过自己的言行较为充分地表现出来的,因而他的德育水平就应该是可以被量化的。尽管不能十分准确地进行量化,但是,应有的记录和肯定性的评价应该无条件地表现出来。对于辅导员来说,学生德育水平的积极评价就是拿在手中的德育资源,学生在通过自己的努力后获得应有的评价,才真正实现了集体利益和个人利益的完美统一。

　　实现了这种统一,就能够很好地调动学生的积极性,更好地为班级工作服务,在服务的同时也提高了学生的自身素质,思想教育的工作也必然会得到正面的评价,提高实效性就不是一句空话。这种良性循环就是德育资源的有效利用。

高校思想政治教育资源探赜①

　　高校思想政治教育资源是指高校在开展思想政治教育工作过程中选择和利用的,能承载和传递思想政治教育的内容与信息,是有利于实现思想政治教育目标的各种要素的总和。从目前的研究情况看,学界关于高校思想政治教育资源的认识和利用还有待于进一步加强。一是对高校思想政治教育资源的存在性还不完全认同,对高校思想政治教育资源的功能、分布、特征等内容都还缺少深入的、较为一致的理性认知。二是在实践中对高校思想政治教育资源的开发利用还存在着巨大的浪费现象。因此,加强对高校思想政治教育资源的探究,有利于提高高校思想政治教育工作的实效性,促进高校思想政治教育目标的实现。

一、高校思想政治教育资源的分类

　　人们对高校思想政治教育资源的认识之所以不够清楚,甚至不屑于认识,就是因为作为学校学生工作的一部分,思想政治教育工作内容具有客观规定性,几乎不需要人们去想什么,只要按部就班就可以开展工作。

　　因此,学者们着力解决的是如何提高高校思想政治教育工作的实效性,却忽略了高校思想政治教育资源开发利用的现实价值。笔者认为,要做好高校思想政治教育工作,必须重视思想政治教育资源的开发利用问题。首先要对高校思想政治教育资源进行科学的分类。学界对高校思想政治教育资源的分类通常采用"两分法",该分类方法虽然有益于认识高校思想政治教育资源内部既对立又统一的关系,如实体资源和虚拟资源、显性资源和隐

---

　　① 此文发表在《山东青年政治学院学报》2016年第32卷第5期,是在我的指导和参与下,我的研究生张春光完成的。其中高校思想政治教育资源的分类十分有益于高校辅导员在实际工作中对于思想政治教育资源的认识和利用,同时对于班风、学风建设也是有价值的参考。收入本书时有改动。

性资源、动态资源和静态资源等,但这种"非此即彼"的认识方法也有其不全面与不规范的问题。

为了全面、立体地认识高校思想政治教育资源的特征与作用,把握高校思想政治教育资源之间存在的内部联系,增强高校思想政治教育资源开发利用的针对性与有效性,本文拟根据高校思想政治教育资源存在的形式及其与人们之间的相互联系进行分类。

（一）可视性资源

所谓可视性资源,即在高校思想政治教育过程中为人们所共知的且具有思想政治教育价值与功能的各种可见资源的总和。

简言之,这类思想政治教育资源是通过人们的眼睛就能够"看得见"的资源,通常是以物理实体为主要存在形式。就思想政治教育的效果来说,这类资源具有强烈的影响力和现实感染力。

高校思想政治教育活动的开展基本上都是以实体形态的可视性资源为依托,包括承载思想政治教育功能与价值的标语与口号、悬挂的国旗、令人心旷神怡的人文景观,以及具有一定人文气息和思想内涵的雕塑、建筑等。如"文思亭""行知楼""博学楼""笃行楼"等,作为一种物化形式的"教科书",其外观布局、名称和设计风格都融入了一定的人文特色,具有相当程度的审美价值和教育价值,在潜移默化中感染和熏陶着学生,是高校开展思想政治教育的重要基础。

（二）可感性资源

可感性资源是指由高校思想政治教育主体组织实施的,具有明确意图且能够为思想政治教育对象感受到的一切资源的总和。简言之,这类思想政治教育资源是通过人们的感觉就能够感受到其客观存在的。一是高校思想政治教育理论课程资源,主要包括高校思想政治理论课,发挥着高校思想政治教育"主渠道"的作用;二是高校管理部门组织实施的各种类别的实践活动,如大学生党团课程培训班、理论宣讲活动以及优秀榜样的事迹报告会等,有利于帮助大学生树立正确的世界观、人生观与价值观。此外还包括涵盖伦理学、哲学、心理学和美学等在内的哲学与社会科学课程。因为,高校哲学社会科学有重要的育人功能,能面向全体学生,帮助学生形成正确的世界观、人生观、价值观,提高道德修养和精神境界,养成科学思维习惯,促进身心和人格健康发展。

(三)可悟性资源

可悟性资源是指在思想政治教育过程中,教育者通过不为受教育对象所知的、间接的、渗透的方式实现高校思想政治教育目标的资源总和。概言之,这类思想政治教育资源是需要受教育者通过思考才能"觉悟"其存在的资源。具体来说,可悟性资源具有间接性和内隐性的特征,一般通过熏陶感染和情感体验等心理活动促使受教育对象在潜移默化中接受教育。当然,这类资源一般要求受教育者自身具有一定的悟性,能够自觉主动地认同并接受,实现自愿自觉的内化与外化。如优美的校园环境、优良的校风学风、和谐的师生关系、丰富的校园活动等,都能够让学生在自由愉悦的氛围中悦纳其所内隐的思想政治教育内容和信息,进而提高自身的思想道德素质。

只有将高校思想政治教育的可视性资源、可感性资源和可悟性资源三者区别开来,才能更好地认识和把握高校思想政治教育资源所具有的不同特质和功能,才能更好地使之服务于高校思想政治教育工作。同时,一个健全完整的高校思想政治教育资源体系又是建立在高校思想政治教育的可视性资源、可感性资源和可悟性资源三者有机结合的基础之上,三者共同发挥作用,缺一不可。

二、高校思想政治教育资源的特征

如果没有相关资源的支持,事物的发展就会成为无源之水、无本之木,必将走向末路。高校思想政治教育的发展也是如此,如果没有相关资源的支持,同样会走向"死胡同"。而要充分开发利用高校思想政治资源,只有系统地、多角度地对其特征进行深入探究,才能从根本上把握它。

(一)存在方式的共生性

一般来说,在高校思想政治教育系统中,高校思想政治教育资源通常以物质实体、外部环境和教育管理为载体,在高校思想政治教育过程中起着基础和支撑作用,同生活资源、环境资源以及教育资源存在着互利共生的紧密联系,具有存在方式的共生性特征。

1.与生活资源共生。高校所具有的思想政治教育资源是极其丰富的,既存在于学生的学习过程中,也存在于学生的日常生活中,与生活资源共生。大到校园风光,小到宿舍食堂,师生的一言一行、一举一动都蕴含着丰富多样的思想政治教育资源。美丽和谐的校园风光既可以营造良好的学习氛围,又能感染熏陶学生的心灵;温馨优雅的宿舍环境既能培养健康向上的生活习惯,又能促进和谐的人际关系;积极向上的校园文化既能锻炼人的综合素质,又能促进人的全面发展。

2.与环境资源共生。高校思想政治教育资源还与包括生态环境和人文环境在内的环境资源共生。"环境的改变和人的活动的一致,只能被看做是并合理地理解为变革的实践。"马克思在深刻地揭示了客观外界环境对人的思想和行为具有决定性的作用的同时,指出人的思想和行为对客观环境又具有能动的反作用。其一,在生态环境中,诸如教学建筑设施、校园绿化、体育场馆等都蕴含了一定的高校思想政治教育的目的与内容。其二,在人文环境中,诸如校风学风、领导作风、人际关系等直接或间接地对受教育者思想品德形成和发展起着重要的推动作用。

3.与教育资源共生。一般来说,高校思想政治教育资源同教育资源二者是相互促进、共同作用的共生关系。既包括以教师队伍、管理队伍以及服务队伍为核心的人力资源,又包括高校具有的设备、设施等物力资源等,都成为高校思想政治教育活动能够顺利有效开展的不可或缺的重要因素。以人力资源为例,教师队伍包括思想政治理论课教师、专业课教师等承担着教书育人的任务,是高校思想政治教育关键性的因素。管理队伍主要指学校党政领导干部、团委、学工部、辅导员以及兼职班主任等,是高校发挥"管理育人"功能的重要角色。服务队伍主要指高校后勤服务部门的工作人员,虽然没有直接参与到高校思想政治教育工作中,但是其间接影响不容忽视,肩负着学校"服务育人"的艰巨任务。三者紧密联系,共同作用,充分发挥高校"三育人"的宗旨。

(二)生成方式的多元性

就高校思想政治教育资源的来源而言,高校思想政治教育资源都是在一定的自然条件和人为作用下生长并形成的,一般分为可自生资源、可再生资源和可建设资源,因而具有生成方式的多元性特征。

1.可自生性。高校思想政治教育资源的可自生性是指该类资源在一定条件下可以自动生成。诸如高校内部以校风、教风与学风等为表现形式的具有一定稳定性的校园文化氛围,主要是以校领导为核心的教育管理队伍为载体。积极向上的校园文化氛围,不仅能够提高学生的求知欲,而且能够增加学生的知识储量;不仅能使学生学会解决人际交往问题,还能从中习得为人处世的哲理;不仅作为学生学习和生活的处所,还使学生能够接受潜移默化的熏陶和感染,是一种具有继承性的使高校思想政治教育永葆青春与活力的灵魂。

2.可再生性。高校思想政治教育资源的可再生性是指该类资源在被消耗完之后还能够再次产生并被重复利用。如高校思想政治教育可悟性资源,如高校精神文化、教育信息等,具有可再生性,在被利用过程中不但不会被耗损甚至在许多情况下其价值会不断增加,使得高校思想政治教育资源的开发与利用具有十分广阔的前景。以高校精神文化资源为例,在经过多次的利用后其内容得到不断丰富与传承发展,进而形成深厚的校园文化底蕴,成为高校推动学生在潜移默化之中悦纳思想政治教育的精神动力。

3.可建设性。可建设性是指该类资源经由利用主体的创造性活动而建设产生,既包括原本没有而被建设产生的资源,又包含资源内部结构重组而产生的新型资源。在此过程中,高校思想政治教育资源的开发利用的主体是可建设资源得以实现的源泉。随着社会信息化技术的飞速发展,对传统的高校思想政治教育内容与形式、载体与方法等都产生了巨大的冲击和影响,新媒体技术尤其是网络自媒体平台的逐渐普及,使得人们对高校思想政治教育资源的视野也在不断拓宽。这种依托科技进步而带来的高校思想政治教育资源,从本质上来说就是可建设资源。正是由于高校思想政治教育资源的可建设性,使得高校思想政治教育工作焕发出无限的生机和活力。

(三)作用方式的多维性

高校思想政治教育资源内容丰富、种类繁多,不同类别的高校思想政治教育资源因其自身具有的不同属性和特征,其发挥作用的方式与过程也不尽相同,具有作用方式的多维性特征。

1.人际交流。人际交流是高校思想政治教育主体与客体、客体与客体之间进行双向的互动与交流进而实现对客体的思想和行为产生积极影响的过程,其和谐融洽程度的高低与高校思想政治教育效果的大小成正相关。高校内部的人际交往关系主要是由高校思想政治教育主体与客体、客体与客体两者组成的。在主体与客体之间,主体应该扮演好"学生的人生导师和健康成长的知心朋友"的角色;客体与客体之间应当互相学习、真诚相待、相互促进、共同发展。和谐融洽的人际交往关系既是高校思想政治教育客体成长成才、全面发展的力量源泉,也是新形势下对高校思想政治教育主体提出的新要求。

2.规范教育。规范教育是高校思想政治教育工作的关键环节,也是高校思想政治教育资源发挥作用的重要方式之一。高校借助理论化、系统化的思想政治教育理论课、形势与政策教育课等课程资源对学生进行理论教育,帮助学生形成科学的世界观、人生观与价值观;同时,学校通过开办党校、团校,举办团日学习活动、主题讲座等对学生进行规范引导教育;最后,高校还十分注重开发与利用校规校纪中蕴含的思想政治教育资源,将高校所倡导的思想政治教育原则与要求融入校园管理制度之中,把规范教育同学生的日常生活和学习相结合,使学生在自我约束与外在管理、自律和他律的相互协调之中提高自身的思想道德素质。

3.润物无声。高校思想政治教育资源作用的发挥除了通过人际交流和规范教育的方式外,还包括润物无声的教育方式,这是由受教育对象的不同认知水平和情感需要的差异所决定的。随着大学生的生理和心理趋于成熟,其认知水平不断提高,对高校思想政治教育提出了新要求。以隐性教育为主、显性教育为辅的教育模式逐步取代了传统的理论灌输,这种教育模式的变化要求我们要更新教育理念,转变教育方法与之相适应。针对不同的受教育对象,将思想政治教育的内容渗透到大学生的日常生活、学习工作与校园活动之中,同时充分利用其他学科的课程资源,使学生在潜移默化之中悦纳思想政治教育的内容,实现高校思想政治教育的育人目标。

三、高校思想政治教育资源的功能

要深入认识高校思想政治教育的资源,认识分类和特征只认识了其存在形式及抽象特性,要认识其具体的内涵和魅力,还要对高校思想政治教育的功能加以认识。

(一)为高校思想政治教育工作提供能源与动力

高校思想政治教育作为一个有机的动态系统,其顺利有序地运转需要与之相应的能源和动力,只有高校思想政治教育资源才能为高校思想政治教育提供永不枯竭的动力源泉。首先,高校思想政治教育活动需要大量的可视性资源,如多媒体教室、图书馆、体育场等,为高校思想政治教育提供了物质基础和支撑条件;其次,以高校思想政治理论课为主要内容的课程资源和高校管理部门举办的实践活动等作为高校思想政治教育的可感性资源,发挥着高校思想政治教育主渠道的作用,成为高校思想政治教育的核心动力;最后,高校思想政治教育活动的顺利有效开展还有赖于优美的校园风光、融洽的人际关系以及优良的校风学风等可悟性资源,促进学生的健康成长与全面发展。

(二)为高校思想政治教育活动提供良好的运行环境

高校思想政治教育资源的作用还在于其提供了满足高校思想政治教育

活动顺利有效开展的运行环境。一般来说,高校思想政治教育环境是指对高校思想政治教育活动以及受教育者的思想品德形成与发展能够产生影响的一切外部因素的总和。作为高校思想政治教育主客体活动范围的组成要素,高校思想政治教育环境从本质上来说从属于高校思想政治教育的可悟性资源,其内在地包含生态环境和人文环境。生态环境如优美的校园风光、具有文化内涵的建筑与雕塑等,以物化的形式展现出学校的精神文化,使学生形成积极的生活情趣;人文环境如良好的校风学风、和谐的人际交往等,营造出的文化氛围对学生进行熏陶和感染,有利于规制和引导学生认同并接受思想政治教育内容,真正实现"环境育人"。

(三)为大学生优良思想品德的培养提供现实基础

高校思想政治教育工作的重心在于做好大学生的思想工作,高校思想政治教育资源作用的着眼点就在于培养大学生的优良思想品德。高校思想政治教育资源作为高校思想政治教育目标得以实现的基本前提和重要条件,也为大学生优良思想品德的形成与发展提供着良好的现实基础。新时期高校大学生群体呈现出价值多样化、思想复杂化以及行为个性化等特点,必然要求高校思想政治教育工作者立足于大学生的日常生活和学习,做到因人、因时、因地制宜,正确认识和分析不同高校思想政治教育资源所具有的不同特质及其对大学生思想品德形成和发展过程产生的不同作用,对高校思想政治教育资源进行合理开发、充分利用和有效整合,将思想政治教育的内容深化、拓展与渗透到育人活动的全过程,切实增强高校思想政治教育的针对性和实效性。

大学生视角中的高校辅导员①

近十年来,高校思想政治教育专业的专家学者和一线的辅导员在相关方面的研究十分可观。但我们注意到,所有的研究都是站在教师或辅导员的角度来思考和实践高校辅导员如何成为大学生的知心朋友,少有从大学生的视角来认识和讨论这个问题,这不能不说是一个遗憾。教育从来都是双向的,单从教师如何教的方面来讨论教育的问题,显然不够完备。这可能正是多年来辅导员们一直很努力,却还是有很多辅导员一直没有在实践中真正成为大学生的知心朋友的重要原因之一。本文拟从大学生的视角,通过笔者的亲身感受,与专家老师们讨论大学生眼中的知心辅导员是什么样的。

一、从"我们的视角"了解大学生

每一个人都是立体的,不同的视角就会有不同的结论,青年大学生也一样。从小到大,学生一直是在家长和老师们关注的目光中成长的,所以,在师长们的眼里,学生一直是长不大的孩子,这难免让学生多少有些自卑。作为大学生,生理年龄和心理需求都渴盼着老师们能用"我们的视角"来看待他们。所谓"我们的视角",就是能够用与青年大学生的心理年龄特征相近或相似的视角平等地看待大学生。就大学生的心理反应而言,他们常常对一切非平等的视角都心怀反感。从年龄上看,大部分辅导员与大学生的年龄相仿,要求辅导员能从"我们的视角"看待自己的学生并不是过分的奢求。一方面,辅导员离开自己的大学时代并不遥远,大学时代的生活应该还

---

① 此文发表在《高校辅导员学刊》2014年第6卷第3期,作者冯裕国当时是我指导的本科一年级学生。这篇文章的创新之处在于,不是从一般的研究者或辅导员的视角看辅导员如何成为大学生的"知心朋友",而是从学生的视角表达他们眼中期待的"知心朋友"是什么样的。显然,这样的视角有益于辅导员调整自己的姿态,提升自身素质。收入本书时有改动。

历历在目,记忆犹新。另一方面,辅导员的生活与大学生的生活从内容到形式还相差不大,在教师群体中,他们是小字辈;在学生群体中,他们是"大哥哥"或"大姐姐"。因此,从"我们的视角"看待自己的学生,不仅不困难,还更有益于学生和辅导员之间顺畅地沟通和相处。

首先,"我们的视角"里有平等。师生之间人格平等在当代中国毋庸置疑,但人格的平等并不说明师生之间没有差异。在知识水平、生活阅历、工作能力等方面,学生和教师之间的差异是必然存在的。正是因为这样的差异,容易造成教师用不平等的视角来看待学生。对于中小学生来说,他们可能因为司空见惯或本来就存在依赖等不够成熟的心理,并不会感到太多的不适应甚至不满。但对大学生来说,这种不平等的视角显然容易伤害学生的自尊。有一些学生确实有些不尽如人意的地方,比如思想不成熟,做事容易冲动;强调自我,集体观念淡泊;浮躁好动,不求甚解,急功近利等问题渗透在学习生活的方方面面,着实让师长们不那么放心。如果辅导员能用平等的视角来看待他们,就不难发现这些大学生依然有很多优点值得师长们关注。比如,思维开阔,反应敏捷,有理想有抱负,充满青春活力,渴望健康成长,等等。因此,当"我们的视角"里有了平等,就有了辅导员眼中不一样的学生,同样,学生的眼中就会有可亲可敬的辅导员。

其次,"我们的视角"里有欣赏。促进人际关系亲密程度的添加剂就是相互间的欣赏。在"我们的视角"里,辅导员应善于使用这种欣赏以增加师生之间的亲密度。因为辅导员毕竟是辅导员,在学生的心里,他们毕竟是老师,即使是再好的师生朋友,学生对老师的那种心理上的依赖和敬畏也是很难消除的。这种依赖和敬畏其实是辅导员教育和引导大学生最好的存在于学生内心的心理基础。辅导员的欣赏对于学生来说,不仅仅是一般朋友间的认同,更有激励、鞭策、赏识等深层的意蕴。这种欣赏内容很简单:一个鼓励的眼神,心领神会的首肯,一句温暖的关怀,拍拍肩膀的激励。可以说,只要辅导员愿意,就能够在"我们的视角"里灌注欣赏的元素。同样,青年大学生的眼中就会有值得爱戴的辅导员。

最后,"我们的视角"里有理解。人的成长是痛苦的,尤其青年人的成长更是如此。青年时期没有了儿时的无忧无虑,也没有中年人的成熟和明确的人生方向。青年人站在人生的十字路口,需要太多的引导,不仅有着人生方向选择的矛盾,更有自己不成熟的心智带来的内心冲突。想学习,却对严格遵守教学纪律的要求感到反感;想创业,可又会找很多理由来掩饰内心的胆怯;想恋爱,但从不会在爱情的过程中认真地对待……从这一点看,"90后"大学生与过去历代大学生并无太多的差别,都是从无知的少年过来,还有很多稚嫩的底色藏在心里,挂在脸上,甚至见于行动。在人生道路上蹒跚学步,其痛苦并不是师长们在青年大学生的脸上可以看到的。唯有理解才可以体验,可以宽容,可以靠近。因此,辅导员看待大学生的视角里如果有了理解,就会发自内心地接受他们,学生的眼中就会有值得信赖的辅导员。

二、用有效的方法引导大学生

众所周知,"教育有法,教无定法,贵在得法"。因此,所谓恰当的方法就是"得法"。但是,对于辅导员引导大学生成长的方法来说,"得法"应与传统的灌输或谈话等教育方法有一定的区别。传统的教育方法只是从教师的角度讨论教师应该采取哪些方法将教育内容传播下去,往往忽略了被教育者的心理反应。这种单方面的视角显然离理想的"得法"还有一定距离。作为一种补充,我们所指的"得法"就是站在学生的角度,从能接受、愿接受、想接受的三个心理层面深入讨论辅导员引导大学生成长应采取的恰当方法,应有益于促进辅导员真正成为大学生的知心朋友。

第一,大学生能接受的方法才是有效的方法。"能接受"就是对辅导员的教育内容,大学生没有产生排斥、抵触、反对等负面的心理反应。尽管在接受的程度上可能有差异:一部分接受、基本上接受、完全接受等,但整体上是能够接受和认同的。其中有一点原因很突出,就是习惯性地接受。就教育的内容而言,辅导员的工作一部分是从事学生管理工作,还有一部分是大学生的成人教育。这一点与中学时的班主任工作有相似之处。所以,辅导员在工作中的一些内容和教育的方式,有些是大学生在中学时就接触过的。比如对班级纪律的强调和管理,很少有学生强烈地反对,尽管并不很乐意被约束,但自己也知道违纪是不对的。类似的内容还有很多,一般都能够被接受,其实都是习惯使然。因此,如果辅导员善于根据这种习惯,有意识地选择引导的内容,就会有较好的接受度。

第二,大学生愿接受的方法才是有效的方法。"愿接受"就是大学生对辅导员的引导从情感上乐意接受,心理认同度高,表现为明显的主动性、自觉性、积极性等特点。马克思主义认为,人们所从事的一切活动都与他们的需要有关。也就是说,对某一对象表现出愿意接受的态度,其根本原因是心理上有强烈的需要,如果不是这样,对于要接受的对象就不会有强烈的需求反应。对辅导员来说这是一个高要求,即辅导员首先要了解大学生有哪些强烈的需求。从学生的视角看,辅导员利用课余时间到学生的生活里走一走,就能了解大学生都有哪些强烈的需求,甚至一些需求会在这种走访式的交流过程中自然化解,比如希望得到辅导员的赏识,就容易在交流的过程中得到满足。一些学校对辅导员的管理中,将不定期地到学生宿舍走访作为辅导员评优评先的条件,不失为一种好的方法。

第三,大学生想接受的方法才是有效的方法。"想接受"就是大学生在实际的生活中可能还没有看到,但在学生的心理期待中很渴望辅导员采用的方法。这里面显然有想象的成分,肯定有很多不成熟的内容,甚至没有想到辅导员要采用这些方法还存在哪些困难。因此,这样的要求其难度毋庸置疑,但确实是大学生这样的年龄段最容易产生的心理期待。比如,大学生喜欢被"惊喜"冲昏头脑,喜欢被"意外"激发情感。这种惊喜和意外之所以能产生这样的效果,就是因为其内容或形式与学生的心理期待能够高度吻合,从而给其惊喜,让其感到意外。这就要求辅导员不仅要走到大学生生活里,还要走进大学生的心坎里,才能深入了解学生内心的期待。比如当大学生想谈恋爱时,他们特别想得到引导,但又不好意思或不敢说。如果辅导员能够及时含蓄地加以引导,在他们的心里那一定是永远难忘的美好记忆。

三、用真诚的爱心关注大学生

对于教师而言,拥有爱心应是教师职业的本分,本无真诚与不真诚之分。但是,在实际工作中,或因职业倦怠,或因缺乏成就感,或因收入不高,诸如此类的原因,有些教师并不能用真诚之心对待学生。客观地说,这样的教师在整个教师队伍中不乏其人。十几年的学习生活几乎使每一个学生都能够凭直觉感受到一些教师对自己不够真诚。站在学生的视角,一个教师的行为是否真诚并不难判断。比如,有的教师平时并不关心学生,对学生的疑问都懒得理睬,可一旦有人来检查工作的时候,这些教师就表现出与平时完全不一样的态度。同行们或许因为多种原因对此类教师并无太多批评,但学生对此无不嗤之以鼻,不知道该如何尊敬这类教师。到了大学,几乎所有的学生都渴望不再遇到这样的教师。对于与自己的成长关系密切的辅导员,更是渴望他们能够用真诚的爱心关注自己。就情感而言,所有从大学生走过来的人都不难理解这种"人之常情"。

之所以强调关注而不是关爱,这与大学生的心理年龄和生活经历有关。中学时期,学生大多被父母疼爱有加,教师也因为学生良好的学习态度而对其倍加呵护。可以说,在上大学以前,几乎所有成绩优秀的学生都一直被关爱的氛围紧紧地包裹着。这种呵护使很多学生在感到幸福的同时也深感缺少独立的成长空间而不利于自己健康地成长。因此,绝大多数大学生从内心深处期盼大学时代是被老师们关注,而不是被关爱。关注与关爱的明显不同表现为教师与学生之间的位置差异,关爱的位置是教育者们抱着、牵着、赶着学生一起向前,而关注是教育者们站在学生的旁边,陪着、看着、鼓励学生一道前进。

用真诚的爱心关注大学生在行为层面应是主动的。主动的行为是一种不需要任何外在的推动力,完全依靠内心的自觉就能够发生的言行举止。其内在的构成具有两个不可或缺的要素:一是强烈的责任感,二是高度的自觉性。这两者相互依存,相互影响。没有明确的责任,自觉的行为就会因盲目而受挫,责任感也会因此而泯灭。没有自觉性的责任感,责任会因怠惰而流于空谈。有责任感的自觉不仅会增强责任意识,更益于提高主动行为的发生效果。因此,辅导员用真诚的爱心关注大学生反映在主动的行为上,就表现为对大学生成长的关注发自内心,具有强烈责任感和高度自觉性。具体地说,就是在日常的工作中,辅导员对大学生的关注不是因为要迎接检查,或出于某种外在的压力,而是完全因为内心的责任使然。有一种常见的行为就很能说明问题:当辅导员在路上遇见自己的学生时,不是简单地打声招呼就走开,而是主动而关切地询问他最近的生活和学习状态。

用真诚的爱心关注大学生在情感层面应是温暖的。温暖是一种适度而美好的情感,是一种表达者容易把握,接受者容易感知的人际情怀。温暖的情感主要通过语言和行为两个方面表现出来。不同的职业对服务的对象表现出的温暖情怀各有不同。就辅导员而言,语言的温暖主要体现为思想交流和教育评价两个内容,表现为与学生的日常交流和蔼亲切,对学生的实际进步能真诚欣赏,对学生的功过是非能给予公正评价,对学生在学习生活中表现出来的各种行为举止能客观地认同,而不是简单地否定或批评。行为的温暖主要体现为主动关怀和乐于奉献两种行为状态,表现为对困难学生的关怀是主动的,而不是等待学生倾诉才勉强付出,能够心甘情愿尽己所能地为学生做出自己应有的贡献,且态度积极,不知疲倦,不计得失。由于温暖的情怀作为一种情感多少有些抽象,因此,理论的言说难免显得累赘。其实,就大学生的直觉而言,能否在面对学生时露出温暖的微笑可以作为检验辅导员的情感是否温暖的标准。

用真诚的爱心关注大学生在心理层面应是耐心的。耐心是对反复出现的同一行为表现出的不厌烦的心理状态。处于成长期的学生由于心理和生理等方面尚不成熟,还缺乏生活经验和自制力,常常在学习和生活中产生这样那样的错误,有时还会反复地犯同样的错误,这就要求教师能够耐心地对待学生在成长过程中发生的这种既可恨也可爱的现象。因此,正是在这个意义上,耐心是教师职业必备的心理品质。辅导员是大学期间一直陪着、看着大学生成长的人,所以,这段时间里难免会有很多让辅导员看着心烦的事情。比如,有的学生总是在假期前后闹着要请假回家,有的学生常常因对某位老师的课程不满意而无故旷课,有的学生不积极参加班级活动且屡教不改,有的学生与同学产生一些鸡毛蒜皮的摩擦就喋喋不休地缠着辅导员更换宿舍,等等。因此,辅导员的耐心品质如果不够好,不能够不厌其烦、耐心细致地面对大学生的各种烦心事,就不可能做到真诚关注大学生的成长。

高校应加强研究生辅导员队伍专业化职业化建设①

改革开放以来,我国研究生的思想教育和管理一直以"导师负责制"为主,导师们的辛勤工作,为我国社会主义现代化建设培养了大批的高水平人才。但是,由于近年来的持续扩招,全国在校研究生的人数已逾百万,加之我国社会的快速发展,中西文化的相互激荡,多元的思想观念真伪杂糅,使得研究生的思想政治工作面临着更加复杂的形势。越来越多的高校研究生培养出现了导师力不从心、培养质量呈滑坡之势的堪忧局面。因此,我国高校加强研究生辅导员队伍专业化职业化建设,已迫在眉睫。

一、研究生辅导员队伍专业化和职业化建设是大势所趋

思想政治教育工作的好坏,直接影响着研究生培养的质量。因此,研究生辅导员队伍作为研究生思想政治教育工作的一支重要力量,它的专业化和职业化程度对于提高研究生思想政治教育工作的针对性和实效性有着重要意义。

首先,研究生思想政治教育面临的新形势需要加强辅导员队伍专业化和职业化建设。

随着高校学分制的实施,许多大学的研究生管理模式发生了很大的变化。长期以来,研究生培养一直实行"导师负责制",导师为研究生的培养和成才付出了大量的心血,这是不争的事实。但是,由于研究生招生数量的不断扩大,每个导师所带的研究生数量也在逐年增加,一个导师带几个甚至十几个研究生已成普遍现象,导师要付出更多的劳动才能保证研究生在学术方面的质量,这无疑增加了导师的工作强度,许多年长的导师更是感到力不

---

① 此文发表在《思想政治教育研究》2011年第2期,虽与辅导员工作关系不大,但也从一个侧面反映了辅导员队伍中的一些现实问题。收入本书时有改动。

从心，这必将给研究生的整体素质培养埋下重大隐患。因此，"导师负责制"应适应研究生培养的现状进行适当的改革，对导师工作的内容进行适当的调整，把研究生的思想政治教育工作分解出来，由具备专业化和职业化素质的辅导员来承担，让导师们专心于研究生的专业素质培养，从而保证研究生培养的质量。

此外，随着我国社会改革的不断深入，高等教育的内外部环境也发生了很大的变化。高等教育置身于社会发展之中，高校与整个社会的联系从来没有像今天这样紧密，社会发展对研究生的影响也变得更加直接。这些变化一方面为研究生在思想方面健康成长提供了更加有利的条件，开辟了更加广阔的空间。另一方面，在发展社会主义市场经济和对外开放的条件下，中西文化相互激荡，多元思想观念真伪杂糅，研究生受到各种思想文化的影响，这必然使研究生的思想政治教育工作面临着更加复杂的形势。因此，高校要切实提高研究生的思想政治素质，引导他们树立正确的理想信念，增强政治鉴别力，有效防范和抵御不良的思想渗透，就必须有一支专业化和职业化的研究生辅导员队伍。他们的任务是了解研究生的思想实际，深入研究研究生思想政治教育的规律，为切实提高研究生思想政治教育的针对性和实效性做出更多切实有效的工作。

其次，研究生辅导员队伍的现状迫切要求辅导员队伍建设的专业化和职业化。

目前，研究生辅导员队伍的"不稳定、不确定"症状十分明显。

研究生辅导员队伍不稳定是我国高校当前普遍存在的事实。长期以来，我国高校研究生阶段的辅导员主要是由研究生所在的院系指派的教师兼任，一般要求这些教师年龄稍长。如果辅导员的年龄偏小，不利于开展工作，特别是思想政治教育工作很难奏效。在职称上，一般要求至少是讲师职称，不少学校还要求是副教授及以上职称，这对于指导研究生学习等方面的工作是十分有益的。但是，不可忽视的是，讲师以上职称的教师自身也有很多工作要做，在单位，他们的教学和科研任务一般都比较重；在家庭，他们一般都有孩子要教育。也就是说，年龄稍长、职称较高的教师并不难找，而年龄稍长、职称较高又能够专心从事辅导员工作的教师却不容易找到。根本问题是,从事辅导员工作的教师前途在哪里? 既然是"兼职",一旦工作结束,很少有人还继续从事这项工作。这就使得这支队伍十分不稳定,有的学校甚至是三年内换几个辅导员。

研究生辅导员工作内容的不确定,也是这支队伍难以建设的一个重要因素。一般认为,研究生已经不像本科生那样了,在学习和生活方面基本可以自理,不需要太多的指导和帮助,专业学习由导师直接管理和辅导。这使得很多研究生辅导员上岗时不知道该从哪里开始工作,只好是"党叫干啥就干啥"。我们知道,在本科阶段,学生进校,唯一能找的是辅导员,辅导员在学生心目中建立自己的优势地位很容易。而研究生阶段,学生进校,首先找的是导师,与导师相比,辅导员想在研究生心目中建立自己的地位要难得多,如果学生在本科生阶段就对辅导员有不好的认识,那就更难了。原因在于,一是研究生已经过了本科阶段,心理依赖本来就弱些;二是导师在研究生的心目中更有优势地位。可见,研究生辅导员工作内容之所以不能确定,主要是因为他们的工作不容易被认同。作为一个"边缘人",他们所能做的也就只是些"杂事"了。而这些看起来是"杂事"的内容,对于有自己的研究方向和科研任务的研究生辅导员来说,又何尝不是"负担"呢? 因此,这种工作内容的不确定,直接影响了辅导员工作的积极性、主动性和创造性。

我们知道,导师工作与辅导员工作的一个重要区别在于,无论导师怎么做研究生的思想政治教育工作,都带有"兼职"色彩,这决定了导师们不可能全身心地投入研究生的思想政治教育工作中,尽管导师们在自己所从事的专业领域都是佼佼者,但在思想政治教育工作方面,他们就难免存在精力不济、专业陌生,甚至是能力有限等方面的缺憾。思想政治教育工作是科学,是科学就带有规律性,就需要有专人来研究,就需要有专人来做。正所谓"术业有专攻",从这一意义上说,建设一支专业化和职业化的研究生辅导员队伍是加强和改进研究生思想政治教育工作的必然选择,这支队伍的作用是其他任何角色都无法替代的。

二、研究生辅导员队伍专业化和职业化建设的关键是措施得力

我国高校的研究生辅导员多是本学科内的专业教师兼任,并不具备思想政治教育专业的知识或技能,甚至有些人并不认为这项工作有什么需要研究的,绝大部分同志常常是一头扎进琐碎的事务性工作中,凭借工作经验来处理日常事务,对研究生思想教育工作缺乏深入思考和理论建树。因此,研究生辅导员队伍要打破这种状况,就必须走专业化、职业化道路。2006年,教育部颁布了《普通高等学校辅导员队伍建设规定》(以下简称《规定》)。《规定》中虽没有明确说明"辅导员队伍"是专指研究生辅导员还是本科生辅导员,但就目前的理论研究看,主要是在本科生辅导员队伍建设方面多有论述,而在研究生辅导员队伍建设方面引用相关的内容还十分寥寥。我们认为,作为方向,《规定》对今后一个时期高校研究生辅导员队伍专业化和职业化建设同样具有极其重要的指导意义。

当然,职业化并不等于专业化,两者存有差异。专业化是指一个职业逐渐符合专业标准,成为专门职业的过程,更强调从业者的职业素质和职业能力。职业化是指一个职业的专业性质和发展所达到的状态及水平,侧重于职业本身的社会认同和制度确认。具体到辅导员而言,其职业化进程是以专业化为前提的,职业化是专业化发展水平的制度化体现,是专业化发展的一个重要方面。提高从业人员的专业化水平也并不意味着每一个辅导员一定要走职业化的道路,我们要做的是积极创造条件,引导和鼓励辅导员成为专家型的职业辅导员。明确了两者的区别,有利于把握不同工作的着力点,稳步推进研究生辅导员队伍的专业化培养和职业化建设。具体地说,以下三个方面是研究生辅导员队伍专业化、职业化建设的基本路径。

第一,重视选拔。目前,在研究生辅导员队伍中较为普遍地存在工作热情不高,责任心不强,没有长远打算,没有按照专业化和职业化的要求设计自己、发展自己,不能潜心钻研业务,不能安心做本职工作等情况。究其原因,主要有两个方面,一是由于对辅导员的定位存在歧义,认为辅导员工作谁都可以做,只要本人愿意,就可以被安排到辅导员队伍中来。在一些学

校,为了激励辅导员做好工作,对辅导员岗位额外增加一些津贴,这也是一些教师明知自己没有辅导员的基本素质,即使做不好,也愿意在这个岗位上"站岗"的心理原因。二是由于选拔机制存在问题,大量的高校辅导员缺少专业化背景和职业化心理准备,辅导员中系统学习过马克思主义理论与思想政治教育学、管理学、教育学、心理学等相关学科的人员较少,辅导员的理论水平比研究生高不了多少,这就使得一些研究生的思想困惑不能从辅导员那里得到及时回答,思想政治教育出现了许多"盲点",一些研究生甚至成为"独来独往"的"自由人"。

因此,我们认为,研究生辅导员队伍的专业化和职业化建设,首先是重视成员的选拔,要像选拔业务教师那样选拔辅导员。要严格按照《规定》要求,在学校党委统一领导下,采取组织推荐和公开招聘相结合的方式进行。在具体操作中,我们认为要着重落实在两个方面。

一要重视参选人员的职业素养。一个人的职业素养包括职业道德、职业意识和职业心态。当前,研究生辅导员的使命感和责任感要求他们应具有积极进取的心态与思维方式。学校可以通过设置科学的考核方式对参选人员进行必要的检测,比如将学生的反应和实际的素质相结合,将平时的工作业绩与个人的实际能力相结合,将本人意愿和同行评价相结合,以确保研究生辅导员具备基本的职业素养。

二要重视参选人员的职业技能。辅导员的职业技能大致可以包括两个方面的内容:一是职业资质,二是职业能力。学历认证是最基础的职业资质,通常就是进入辅导员队伍的通行证;职业能力是辅导员在生活和工作中必备的能力,它与职业资质互为补充,形成辅导员的实际工作能力。目前,我国高校本科阶段的辅导员已经可以通过教育部高校辅导员基地的培训和研修获得相关的资质,但研究生阶段的辅导员还没有相关的要求或措施。客观地说,在短时间内就配备好资质符合、能力相当的人员来做研究生辅导员是不切实际的,但是,通过从本科生辅导员中选拔优秀人员充实研究生辅导员队伍还是不难做到的。

第二,加强培养。过去,研究生辅导员基本上都是从本专业的教师中选择,由于他们一懂专业,二对本专业的老师比较熟悉,便于开展工作,在做辅导员工作方面确实有不可替代的优势。但是,随着社会的进步,思想的多元发展,研究生人数的逐步扩大,使得研究生辅导员的工作内容发生了深刻变化。如果还是"兼职"教师挑大梁,不对他们进行必要的专门的培养,就很难胜任这项工作。正如苏联教育家马卡连柯所说的那样:教育者的技巧,并不是一门什么需要天才的艺术,但它是一门需要学习才能掌握的专业。因此,要使研究生辅导员成为思想教育的专家、成才规划的专家、心理咨询的专家、就业指导的专家,为他们提供相应的学习条件是十分必要的。高校应像重视业务教师培养一样重视研究生辅导员培养,对研究生辅导员进行时事政策、管理学、教育学、社会学和心理学以及就业指导、学生事务管理等方面的专业化辅导与培训,甚至选拔优秀的辅导员去国外交流、考察和进修深造。在实际工作中,应努力将以下两个方面结合起来,切实贯彻《规定》精神。

一是学校培训和基地培训相结合。培训内容应坚持以马克思主义基本理论知识、邓小平理论和"三个代表"重要思想、科学发展观、教育学、心理学、管理学、法律基础知识、就业指导、学生事务管理和中国传统文化等为主体,采用学习心得交流、队伍内部骨干谈体会、作报告、学校党政干部授课和聘请专家学者讲学相结合的灵活多样的培训形式。

二是要为辅导员提供交流的平台。有条件的高校可以根据工作需要,在本校推荐优秀辅导员免试在职攻读硕士、博士研究生或单独组织考试,招收他们在职攻读研究生学位。不具备条件的高校应积极创造条件和机会,推荐或保送优秀辅导员攻读相关专业学位。在教育主管机构的统一领导下,组织成立辅导员工作研究会,并创办相关学术刊物,不定期组织各种形式和规模的研讨会,切实为辅导员的交流提供平台。

第三,完善机制。由于长期实行导师负责制的管理模式,高校研究生辅导员的工作机制十分欠缺。在研究生数量有相当规模的高校,一般设置研究生院作为统一管理研究生的领导机构,通过各学院(系)党委(总支)设兼职辅导员,形成一个基本的管理系统。但是,研究生辅导员的职责是什么,有什么待遇,怎样培养和提高,如何对他们的工作进行考核和评价,目前在国内高校中还没有可以推广的现成机制,与本科生辅导员的机制建设状况相比还相差甚远。从本科生辅导员专业化、职业化建设工作取得的初步成果看,建立完善的研究生辅导员工作机制,是促进研究生辅导员队伍专业化、职业化建设,使这支队伍尽快做出工作成效的有力保证。

《规定》明确提出:"高等学校要把辅导员队伍建设放在与学校教学、科研队伍建设同等重要位置,统筹规划,统一领导。""各高等学校要制定辅导员工作考核的具体办法,健全辅导员队伍的考核体系。对辅导员的考核应由组织人事部门、学生工作部门、院(系)和学生共同参与。考核结果要与辅导员的职务聘任、奖惩、晋级等挂钩。"这就要求高校在完善研究生辅导员工作机制的过程中,要切实考虑给研究生辅导员现实工作"定位子",未来岗位"留后路"。只有这样才能真正调动研究生辅导员的工作积极性,彻底改善当前的队伍"散"、职责"乱"、效率"低"、隐患"大"的不良局面。

后 记

习近平总书记在2016年12月的全国高校思想政治工作会议上指出:思想政治工作从根本上说是做人的工作,必须围绕学生、关照学生、服务学生,不断提高学生思想水平、政治觉悟、道德品质、文化素养,让学生成为德才兼备、全面发展的人才……要遵循思想政治工作规律,遵循教书育人规律,遵循学生成长规律,不断提高工作能力和水平。这一指示精神很快得到了贯彻落实。2017年8月31日,教育部2017年第32次部长办公会议修订通过了《普通高等学校辅导员队伍建设规定》(中华人民共和国教育部令第43号),对原来的教育部24号令进行了适当的修订。该规定对于加强新时代高校辅导员队伍专业化职业化建设无疑是指导性文件。各地各级主管部门闻风而动,掀起了新一轮高校辅导员队伍专业化职业化建设的高潮。我的这本拙作正是在这样的大背景下应运而生,虽在贯彻总书记指示方面只是得其要领于万一,但亦期待能为新时代高校辅导员工作添砖加瓦。

为了保证质量,本书前30多篇文章陆续发表在微信公众平台"丙辉心语"上,希望借此与高校思想政治教育专业的硕士、博士及高校辅导员充分交流,能够逐步完善其中的一些内容。这些文章在发表之后收到了很多意见,对本书的最后成型十分有益。在此,我要向所有关注"丙辉心语"的读者们表示衷心的感谢!

从"丙辉心语"微信公众号开通到运营至今,我的弟子张春光(安徽师范大学数学与统计学院辅导员)为此付出了大量的心血,弟子毕昌喜(黄山学院经济管理学院辅导员)、陈祥云(安徽师范大学地理与旅游学院辅导员)也都为微信公众平台的维护和本书的写作以及最后成型付出了很多努力,在此一并致谢!

还要十分感谢我的老师朱平教授,在我从事辅导员工作和研究的过程中,他一直给予了我高度的关注和尽可能的支持。书稿完成之后,我邀请他为本书作序,他欣然应允,从头至尾审读了书稿,并指出了其中的不妥之处。序言虽短,却给了我极大的鼓励和鞭策,尤为本书添光增色。

路丙辉

2018 年 7 月 1 日